Charmed

La ceinture sacrée

Un roman original de D. G. Gallagher
d'après la série télévisée « Charmed »
créée par Constance M. Burge

Édition Jeunesse

POCKET
jeunesse

Titre original :
Spirit of the Wolf

Série proposée par Patrice DUVIC

Loi n° 49-956 du 16 juillet 1949 sur les publications destinées à la jeunesse : juin 2004.

ISBN 2-266-14266-6

CHAPITRE 1

Phoebe s'installa devant son ordinateur portable avec une tasse de café brûlant et un petit pain à la cannelle, prête pour une longue journée de recherches sur Internet.

Il faut absolument que je trouve un travail.

Les trois sœurs Halliwell ne manquaient pas d'argent, mais l'entretien du manoir qu'elles avaient hérité de leur grand-mère se révélait être un véritable gouffre financier. Malgré les bénéfices du P3, la boîte de nuit branchée que dirigeait Piper, et le salaire d'assistante sociale de Paige, il ne leur restait pas un sou de côté. Pour des filles dont la mission consistait à sauver le monde des forces du Mal, ce n'était pas très prévoyant...

Depuis la mort de Prue, l'aînée des *Charmed*, et la venue de Paige, leur demi-sœur, Phoebe se sentait obligée de participer aux frais de la maison.

Elle cherchait donc un emploi aux horaires flexibles. Une exigence qui lui fermait bien des portes.

— On dirait que ce n'est pas aujourd'hui que ça va s'arranger, maugréa-t-elle en parcourant ses mails.

Sa bonne humeur du matin s'envolait à mesure que défilaient sur l'écran les réponses à ses différents courriers. Cinq propositions aussi alléchantes que trompeuses, trois offres d'emploi dans des magasins de jeux vidéo, et le rappel que sa souscription gratuite à un magazine Internet était sur le point d'expirer. Aucune réponse sérieuse aux dizaines de demandes qu'elle avait envoyées.

De guerre lasse, elle éteignit l'ordinateur et se leva pour aller chercher le journal du jour dans la boîte aux lettres. Qu'à cela ne tienne, elle n'était pas du genre à se laisser décourager !

Paige la trouva plongée dans les petites annonces quand elle descendit dans la cuisine prendre son café.

— Oh ! là, là ! je suis en retard !

Elle n'avait pas eu le temps de se sécher les cheveux après sa douche.

— Au moins tu as un boulot, rétorqua Phoebe. Moi, je n'ai nulle part où arriver en retard.

— Tu ne m'envierais pas tant si tu connaissais Cowan ! Il me hurle dessus tous les matins… Dis donc, ça a l'air bon, ce que tu manges. Ça ne ferait pas un peu grossir, aussi ?

— Oh, à peine.

— Je crois que je vais me laisser tenter. Je n'aurai qu'à sauter le déjeuner. Si j'avais su que Piper était aussi bonne cuisinière, j'aurais réfléchi à deux fois avant de m'installer ici !

Longue et mince, la jeune femme n'avait pourtant aucun souci à se faire pour sa silhouette.

— Désolée, Paige, c'était le dernier gâteau.

— Oh, ce n'est pas juste !

— Il faut se lever tôt pour mériter les petits pains à la cannelle de Piper ! lança Phoebe en narguant sa sœur.

Elle s'apprêtait à mordre dedans à pleines dents quand il apparut comme par miracle dans la main de Paige.

— *Ça*, c'est injuste ! On n'a pas le droit d'utiliser nos pouvoirs à des fins personnelles, je te rappelle ! Surtout quand c'est pour affamer sa sœur.

— Oups, excuse-moi… j'en avais trop envie.

Elles éclatèrent de rire.

Paige partagea le petit pain en deux et en tendit une moitié à son aînée.

— On partage ?

— Oh oui !

Phoebe engloutit son morceau et se replongea dans le journal.

— Tu as trouvé quelque chose ? demanda Paige.

— Rien… enfin, si : promener des chiens, faire des ménages ou de la vente par téléphone.

— Emmener des chiens en balade, ça te ferait faire de l'exercice.

Phoebe gloussa.

— Ben, voyons... Non, merci. Les cabots, très peu pour moi !

— Tu finiras par trouver quelque chose, tu verras, la rassura Paige en jetant un coup d'œil à sa montre. Dis donc, je devrais peut-être aller secouer Piper. Je suis allée la réveiller avant de descendre et...

— Laisse-la donc avec Léo, ils se voient rarement.

Léo venait de rentrer au manoir la veille au soir. Piper et lui ne faisaient que se croiser depuis quelques semaines. Les devoirs d'un Être de Lumière et d'une sorcière leur laissaient peu d'occasions de passer du temps ensemble.

— Je suis étonnée qu'elle ne t'ait pas explosé au nez la porte de sa chambre, ajouta Phoebe.

Elle frémit à l'idée des dégâts qu'auraient pu causer les nouveaux pouvoirs de Piper. Cette dernière ne maîtrisait pas encore parfaitement son aptitude à accélérer les molécules. Il lui arrivait d'avoir quelques accidents pour le moins « explosifs », surtout lorsqu'elle était contrariée ou en colère. Paige semblait ennuyée.

— L'agence Sécurité Plus doit venir au P3 ce matin à neuf heures. Il est déjà huit heures et quart, Piper va être en retard.

— Pas si on considère que le rendez-vous est pour demain matin ! pouffa Phoebe.

La recrudescence des vols dans le centre-ville avait poussé Piper à faire installer un nouveau système de sécurité relié à la police de San Francisco. À la moindre tentative d'effraction, les forces de l'ordre seraient aussitôt alertées.

— Oh zut ! Si j'avais su...

Paige craignait toujours de froisser Piper... Cette dernière avait eu plus de mal que Phoebe à accepter la venue d'une demi-sœur dans la famille si peu de temps après la mort de Prue. Bien que son aînée lui ait montré qu'elle l'aimait, Paige se sentait toujours un peu à l'écart.

— Et puis, continua Phoebe en roulant des yeux, il est neuf heures moins le quart, et non pas huit heures et quart.

Paige vérifia l'heure à sa montre.

— Mais tu as raison ! Cette fois-ci, Cowan ne va pas me louper. Allez, je file.

Le téléphone sonna au moment où Paige refermait la porte d'entrée. Phoebe se précipita. Peut-être était-ce une réponse à l'une de ses nombreuses candidatures ?

— On ne peut pas être tranquille deux minutes, ici ! ronchonna Piper.

Elle arrangea son oreiller en plumes et se blottit sous la couverture.

— Ça pourrait être pire, lui murmura Léo en la prenant dans ses bras.

Il lui caressa tendrement les cheveux.

— À part une attaque surprise de démon, je ne vois pas ce qu'il y a de pire…

Le jeune couple dormait à poings fermés quand Paige avait eu l'idée saugrenue de frapper à leur porte. Pour avoir la paix, ils s'étaient réfugiés au fond du grenier.

— C'est plutôt romantique, ce camping improvisé, non ?

— Je déteste le camping, tu le sais bien. Je ne vois pas où est le plaisir de dormir à même le sol, entouré de moustiques assoiffés de sang.

— Il n'y a pas de moustiques, ici.

Elle se serra contre lui et poussa un profond soupir.

— Mais il y a peut-être bien une ou deux chauves-souris qui se cachent dans la charpente, ajouta Léo d'une voix amusée.

— Tant que ce ne sont pas mes sœurs, ça va. Je n'ai envie de voir personne d'autre que toi, aujourd'hui. Surtout pas Paige !

— Quand on sait comment ton humeur influence le contrôle que tu as sur tes pouvoirs, c'est elle qui ne voudra pas te voir aujourd'hui !

Piper fit mine de lui donner un coup de poing dans les côtes puis étouffa un bâillement. Ils avaient veillé tard pour vérifier les comptes du P3.

La porte s'ouvrit alors sur Phoebe.

— Qu'est-ce que tu viens faire là ? fit Piper d'une voix sèche.

Phoebe eut un mouvement de recul avant de s'avancer, les mains sur les hanches.

— Ce... c'est plutôt à moi de vous demander ce que vous faites là !

— On essaie de dormir sans être dérangés toutes les cinq minutes, si tu veux savoir.

Elle réalisa soudain que la présence de sa sœur dans le grenier de si bon matin ne pouvait qu'annoncer une mauvaise nouvelle. Inquiète, elle jeta machinalement un coup d'œil au *Livre des Ombres*.

— Que se passe-t-il ? Tu as senti une présence maléfique ?

— Non, je suis juste montée récupérer le matériel photo de Prue.

— Ah bon ? Pour quoi faire ? s'étonna Léo.

La mort de Prue était encore récente et il restait préoccupé par la façon dont les deux sœurs surmontaient cette perte.

Phoebe ne semblait pas triste ou nostalgique ce matin, bien au contraire.

— Je viens d'accepter un job au *415*, lança-t-elle joyeusement.

— Au *415* ? répéta Piper, interloquée. Vraiment ?

Prue avait été photographe pour ce magazine de luxe. Les reportages qu'on lui confiait alors lui procuraient des revenus plus que décents et elle avait en général toute liberté de manœuvre. L'idéal pour Phoebe… si elle avait su prendre des photos !

— Ils t'engagent à temps plein ou seulement le temps d'une mission ? demanda Léo.

— Une mission. Mais c'est mieux que rien, non ?

— Bien sûr…

Sans plus prêter attention au couple d'amoureux, elle fouilla dans les affaires de Prue.

— Et cette mission, en quoi consiste-t-elle ? voulut savoir Léo qui se redressa sur ses coudes.

— Le rédacteur en chef a besoin d'un photographe pour couvrir un week-end de presse, à l'occasion de l'ouverture d'un centre de vacances en montagne, dans un coin perdu.

Phoebe se tut un moment, tenant dans ses mains le porte-documents en cuir de Prue. Elle le contempla, émue, avant de le remettre à sa place.

— C'est destiné à de riches hommes d'affaires stressés. Plutôt cool, vous ne trouvez pas ?

— Tu vas réussir à tenir plus de vingt-quatre heures en pleine nature ? la taquina Piper.

— Que ne ferais-je pas pour l'argent ! gloussa-t-elle. Et puis, attention, on est logés dans de ravissants chalets.

— Comment se fait-il que Gil ait accepté de t'engager ?

— C'est un reportage prévu depuis des mois et Prue devait s'en charger. Elle lui avait dit qu'elle me prendrait comme assistante. Il a donc bien voulu me donner sa place.

Elle trouva la sacoche qu'elle cherchait et la posa près de la porte.

— Je me suis bien gardée de lui préciser que Prue entendait par « assistante » quelqu'un qui l'aide uniquement à porter son matériel.

— Je ne voudrais pas te décourager, Phoebe, mais tu ne sais même pas comment te servir de cet appareil. Être photographe ne s'improvise pas, tu sais ?

— Il y a un manuel et Prue m'avait montré comment m'y prendre.

— Et alors, qu'est-ce que ça a donné ?

— J'ai fait deux ou trois séries et le résultat n'était pas si mal que ça. De toute façon, il est trop tard pour revenir en arrière. Il faut que je me lance !

— Tu as raison, assura Léo. Prue aurait certainement trouvé très sympa que vous partiez toutes les deux prendre le vert quelques jours.

— C'est ce que je pense aussi. Et comme je vais avoir besoin d'une assistante, je vais demander à Paige de m'accompagner.

Le visage de Piper s'illumina soudain.

— Si toi et Paige partez ensemble, ça veut dire que Léo et moi, nous aurons la maison pour nous tout seuls ce week-end ?

Une silhouette familière se matérialisa soudain dans un halo lumineux au centre de la pièce. C'était Cole, le fiancé de Phoebe.

— Où vas-tu comme ça, ma belle ?

— Dans les montagnes de Sierra Sojourn.

Voyant Piper se lever, s'enrouler dans la couverture et se diriger d'un pas furieux vers la porte, Phoebe lui demanda :

— Que fais-tu ?

— Je descends nous préparer un petit déjeuner. Puisqu'on ne peut pas dormir tranquille, autant avoir l'estomac plein !

Léo la suivit en haussant les épaules d'un air impuissant.

— On peut savoir ce qui se passe ? fit Cole en enlaçant Phoebe.

— Oh, ce n'est rien. Piper est de mauvaise humeur parce qu'elle n'a pas assez dormi.

— J'ai cru entendre que tu partais ce week-end. Tu sais que ce n'est pas très prudent ?

— Je ne vais quand même pas refuser le seul boulot intéressant qu'on me propose ! Je te promets de m'ennuyer horriblement, si ça peut te rassurer.

— Ce n'est pas ça qui m'inquiète.

— Tant mieux, parce que Paige vient avec moi et je ne voudrais pas lui gâcher son séjour.

— Tu emmènes Paige ?

— Je ne lui en ai pas encore parlé, mais je suis sûre qu'elle ne va pas laisser passer une occasion pareille. Tout un week-end sans téléphone, sans ordinateur et sans télé : le rêve !

— Vous serez complètement coupées du monde, si je comprends bien. Même de Piper et de Léo ?

— Oui. Ils vont enfin pouvoir passer un peu de temps ensemble et dormir sans que personne ne vienne les réveiller ! Il n'y a qu'à toi que cela ne plaît pas.

— Mais c'est dangereux, Phoebe !

— Je ne vois pas où est le danger. Je vais me détendre dans un cadre agréable, plutôt luxueux. Ce n'est pas parce que c'est au beau milieu de la nature qu'on va faire du camping sauvage !

— Peut-être. Mais… et si c'était un piège ?

Phoebe n'avait pas du tout pensé à cela ! Si les *Charmed* devaient toujours rester sur leurs gardes, elle ne voyait pas en quoi ce week-end représentait une menace. De plus, Prue avait l'habitude de travailler avec Gil.

La sacoche qu'elle avait placée près de la porte glissa au sol. Cole se retourna d'un bond, prêt à riposter.

Il se figea un instant avant de pousser un soupir de soulagement. Son amour pour la jeune sorcière l'avait détourné des forces du Mal et il était maintenant traqué par les créatures de la Source déterminées à se venger. Démons et autres hordes infernales se succédaient à sa poursuite.

— Tu as encore des monstres à tes trousses ?

— Oui. Le bruit court que Q'hal a juré de m'anéantir.

— Qui est ce fameux Q'hal ? Encore un démon poilu ?

Cole se renfrogna.

— Il est très dangereux et je ne veux pas qu'il te fasse du mal. Je sais qu'il n'hésitera pas à t'attaquer pour m'affaiblir.

— Dans ce cas, je serai plus en sécurité dans les montagnes. Jusqu'à ce que tu le mettes hors d'état de nuire.

— Tu as peut-être raison, en fin de compte, admit Cole. Mais je ne suis pas certain de supporter que tu t'éloignes plusieurs jours de suite.

— Je ne serai partie que trois jours. Ça passera vite.

Elle se blottit dans ses bras.

— Et ne viens surtout pas me faire une visite surprise, ajouta-t-elle avec une grimace. Sierra Sojourn est à trois heures de la ville la plus proche. Si quelqu'un t'y surprend, je serai incapable d'expliquer comment tu as fait pour te retrouver là tout d'un coup.

— Même pour m'assurer que tout va bien ?

Elle secoua la tête.

— Tout ira bien, je te le promets.

CHAPITRE 2

Malgré la porte entrouverte et la lumière allumée, Paige hésita avant d'entrer dans la chambre de Phoebe. Ses sœurs lui avaient répété assez souvent qu'il ne fallait déranger leur sommeil sous aucun prétexte. La mission des *Charmed* leur imposait en effet un rythme épuisant et chaque instant de répit était précieux. Et puis, Paige avait du mal à trouver sa place dans la famille.

La jeune femme poussa un profond soupir. Le problème qui la préoccupait n'avait rien d'urgent, mais il lui fallait une réponse.

Phoebe était assise en tailleur sur son lit.

— Oui ? fit-elle en levant le nez de son carnet de notes.

— C'est moi. Tu es occupée ?

— Oui, mais pas assez pour refuser de parler à ma petite sœur. Qu'est-ce qu'il y a ?

Paige fut soulagée de voir un sourire sur les lèvres de son aînée. Elle vint s'asseoir à son côté.

— Je préparais mon sac pour demain et je voulais savoir si je devais emporter un sèche-cheveux.

— Pourquoi pas ?

— Tu m'as dit qu'il n'y avait ni téléphone ni télé, alors je me demande s'il y a l'électricité.

— Sierra Sojourn est effectivement coupé du monde, mais d'après la brochure que Vista Dream m'a donnée, le centre est équipé de panneaux solaires. Tiens, regarde.

Les photos montraient une grande bâtisse en rondins flanquée d'une spacieuse véranda. Le toit était presque entièrement recouvert de plaques noires rectangulaires.

— Voici le bâtiment central, expliqua Phoebe, c'est le Lodge. Ce qu'on voit là, ce sont des panneaux solaires qui transforment l'énergie du soleil en électricité.

— Moi qui croyais que c'était un « retour à la nature » ! Tout ça m'a l'air drôlement perfectionné.

— C'est aussi très écologique. Mais les chalets ne sont pas équipés de ce système et on devra prendre les douches et les repas au Lodge.

— Oh...

— Ne fais pas cette tête ! Écoute un peu la suite : les hôtes de ce centre devront en principe construire eux-mêmes un abri et se débrouiller pour trouver leur nourriture ! Le Lodge ne sera accessible qu'en cas d'extrême urgence.

— Et combien ces gens-là vont-ils payer pour avoir l'immense privilège de vivre comme au temps des hommes des cavernes ?

— Pour te donner une idée, il faudrait que je gagne au Loto pour m'offrir une semaine là-bas.

Mon Dieu, songea Paige, *et dire que les patients de ma clinique ont tout juste de quoi se loger et manger à leur faim...*

— Je crois que je n'emporterai pas mon sèche-cheveux, finalement. Et toi, tu as fini de faire ton sac ?

— Presque. Je n'ai plus qu'à mettre une veste polaire, ma trousse de toilette et mon carnet. Il ne faudra pas que j'oublie le matériel photo dans la sacoche de Prue.

Paige hocha la tête et se demanda si elle n'avait pas pris trop d'affaires. Sa sœur n'emportait manifestement que l'essentiel.

— Pense à prendre une lampe de poche, lui suggéra Phoebe, si tu veux lire un peu au lit avant de t'endormir. Ou relire tes notes.

— Mes notes ?

— Oui, sur Vista Dream, le groupe qui organise ces séjours.

Elle prit un dossier sur sa table de chevet avec des coupures de journaux.

— J'ai déjà fait quelques recherches, tu vois. Il y a certains points que je voudrais éclaircir.

— Je croyais que le magazine envoyait un journaliste pour écrire l'article ?

— Oui, c'est Angie Swanson qui est chargée du reportage. On a rendez-vous avec elle à Lone Pine River.

Elle ferma son carnet, le rangea dans son sac à dos avec le dossier, puis se cala contre l'oreiller.

— On doit retrouver les autres journalistes au Mountain High Café, à l'entrée de la ville.

— Si Angie s'occupe de l'article, pourquoi as-tu fait des recherches ?

— Ce n'est pas une journaliste d'investigation. Elle est spécialisée dans la remise en forme.

— Mais... c'est justement ce que propose le centre de Sierra Sojourn.

— Oui, mais ce n'est pas le premier complexe de vacances de Vista Dream. Et le groupe compte développer ce genre d'endroit dans tout le pays.

— Je ne vois toujours pas où tu veux en venir... Qu'est-ce que tu cherches à vérifier ? Il y a un problème ?

— Peut-être que non... Je ne sais pas.

— Tu soupçonnes quelque chose ?

— Le premier projet de Vista Dream, Tropic Rando, s'est ouvert il y a deux ans, en Floride. Mais ça n'a pas été sans complications juridiques.

— Juridiques ou… diaboliques ?

Phoebe haussa les épaules.

— Plusieurs habitants de la région se sont plaints d'avoir été forcés à vendre leur propriété à Vista Dream, au-dessous des prix du marché. Ils ont engagé des actions en justice, mais ils n'ont jamais pu prouver que les autorités locales travaillaient de connivence avec Vista Dream. L'installation de Tropic Rando a fait flamber les prix des terrains alentour et de gros financiers sans scrupules y ont investi leurs capitaux. Toutes ces transactions se sont faites au détriment des locaux.

— Et tu crois qu'il peut se passer la même chose à Sierra Sojourn ?

— Les terres étaient sous le contrôle du gouvernement fédéral… jusqu'à ce que Vista Dream acquière le droit de les exploiter.

— Il n'y a rien d'illégal, non ?

— Non, mais je déteste les injustices, quelles qu'elles soient.

— Notre mission est de combattre les forces du Mal, on ne peut rien contre l'avidité humaine.

— Je sais bien, mais c'est plus fort que moi…

Maude Billie admira la cuisine impeccable du Lodge de Sierra Sojourn. Cela faisait trente-deux ans qu'elle était dans le métier et elle accédait enfin au poste de chef dans un lieu décent.

Elle passa un dernier coup d'éponge autour de l'évier quand une tache de lumière derrière la fenêtre de la remise attira soudain son attention. Elle s'approcha mais ne distingua rien dans l'obscurité.

— Est-ce qu'il y a autre chose à faire, ce soir ? lui demanda poliment une jeune femme venue ranger des plats dans le vaisselier.

Sonia Larson avait vingt-cinq ans. Petite et menue, elle était l'exact opposé de Maude. Les deux femmes s'entendaient pourtant à merveille.

— Tu es pressée de partir ?

— C'est que… Kyle a loué des cassettes vidéo et, avec le reste de l'équipe, on voudrait en profiter avant que les journalistes n'arrivent.

Il y avait un poste de télévision au Lodge qui servait uniquement de moniteur au magnétoscope. Le personnel avait le droit de l'utiliser tant qu'aucun hôte ne se trouvait sur les lieux.

Maude hésita un peu. À cinquante-quatre ans, elle avait toujours vécu seule et ne comprenait pas l'intérêt que les autres trouvaient à se voir après une longue journée de travail.

Sonia, quant à elle, était toujours prête à faire la fête. D'un naturel enjoué et sociable, elle aimait organiser des soirées. Kyle, son mari, l'adorait et n'avait pas hésité à accepter un poste de cuisinier pour l'accompagner dans ce coin perdu.

— On finira tout ça demain.

— Merci, Maude. Vous êtes un ange !

La jeune femme se dirigea vers la sortie et se retourna un instant.

— Vous voulez vous joindre à nous ?

— C'est gentil de me le proposer, mais je préfère me reposer dans ma chambre.

— Dommage. À demain, alors !

— Oui, à demain.

Avant de retrouver les autres dans le grand salon qui servait de lieu de réunion, Sonia croisa Doris Cirelli, la gouvernante du Lodge. Elle était responsable de l'infirmerie et de la blanchisserie.

— Tu as vu les filles ? demanda Doris.

Elle parlait des jumelles Jan et Dona Mueller, des étudiantes engagées pour l'été.

— Elles sont dans le coin télé, répondit Sonia en lui indiquant le fond de la salle.

Lovées dans un profond canapé, les deux jeunes filles regardaient Harley Smith faire un feu dans la cheminée.

Mince, séduisant, les cheveux coupés très court, cet homme d'une cinquantaine d'années comptait parmi les « experts en vie sauvage » que Vista Dream avait recrutés. Il avait pour mission de s'assurer que les vacanciers repartent chez eux sains et saufs, avec le sentiment d'avoir survécu dans un environnement hostile.

— Est-ce que quelqu'un peut aller chercher du bois ? demanda Harley, accroupi devant l'âtre.

— J'y vais, répondit Kyle dont le visage s'illumina dès qu'il aperçut Sonia.

Dans la cuisine, Maude passa un gros gilet en laine, prit sa lampe de poche et sortit par la porte de derrière en prenant soin de la fermer à double tour. Une fois dehors, elle frissonna à l'idée de regagner seule son petit chalet.

Allons, ne sois pas bête. Que veux-tu qu'il t'arrive ?

Elle repensa aux formes blanches qu'elle avait aperçues entre les arbres les deux nuits précédentes, mais se dit que ce devait être des tours de son imagination. Sa peur la fit sourire. Elle n'avait jamais cru aux fantômes et voilà qu'elle était effrayée pour un rien.

Tout le personnel logeait par deux dans des chalets à l'écart du bâtiment principal, excepté Doris, qui devait rester près de l'infirmerie, Maude et Carlos Martinez, le responsable général du centre, qui bénéficiaient du privilège d'avoir leur propre chalet.

Un bruit étouffé dans le sous-bois fit sursauter Maude, mais elle se détendit en voyant apparaître Carlos, son fusil en bandoulière. Petit et sec, les cheveux noirs frisés, c'était un homme renfermé, qui n'avait pas le sourire facile.

— Bonsoir, Maude. Tout est bouclé pour la nuit ?

— J'ai verrouillé la porte de derrière, et celles du grand salon. Tout le monde est encore au Lodge ; ils regardent un film. Ils viennent à peine de commencer, vous pouvez encore les rejoindre.

— Je ne suis pas amateur de ce genre de distraction, vous le savez bien. Merci, Maude.

Carlos effectuait son tour de garde. Forestier dont la réputation n'était plus à faire, et diplômé en administration commerciale, il se montrait aussi compétent sur le terrain qu'à la tête d'un comité de direction. Cependant – et cela n'était un secret pour personne –, il préférait arpenter les terres sauvages en solitaire plutôt que de rester assis derrière un bureau.

— Du nouveau, ce soir ? lui demanda-t-elle.

Depuis le début de sa construction, le centre subissait çà et là des petits dommages. William DeLancey, fondateur et directeur général de Vista Dream, les attribuait à une tribu indienne locale et voulait à tout prix mettre la main sur les coupables avant l'ouverture de Sierra Sojourn au public.

— Non, tout est calme, mais restez prudente.

— Oui, oui…

Sur ces mots, il la salua d'un signe de tête et s'éloigna dans l'obscurité. Maude frissonna, pas très rassurée, et reprit son chemin. Une chouette hulula non loin, ce qui rendait la pénombre encore plus inquiétante. Du coin de l'œil, elle crut apercevoir une mince langue de fumée serpenter entre les arbres. Prise de panique, elle se mit à courir en direction de son chalet.

Elle parvenait haletante devant son perron, quand le sapin qui déployait ses branches au-dessus du toit s'enflamma d'un seul coup.

Elle eut un vif mouvement de recul et se retint de prendre ses jambes à son cou. Pas question de laisser partir en fumée ses objets personnels et autres souvenirs de famille !

Ignorant la chaleur, elle se précipita à l'intérieur.

Le cœur battant, elle braqua le faisceau de la lampe torche vers le fond de l'entrée. Un étrange tambourinement se faisait entendre dans sa chambre. Elle s'avança avec prudence et ouvrit la porte : horrifiée, elle vit son lit qui s'élevait puis retombait au sol à un rythme saccadé. Les oreillers avaient roulé par terre et rebondissaient à chaque secousse.

Maude resta pétrifiée un instant puis fit volte-face pour quitter le chalet au plus vite, seulement… un immense loup gris lui barrait le chemin.

Carlos s'appuya contre un gros rocher, non loin des derniers chalets construits sur les terres de Sierra Sojourn. Plus de cent cinquante kilomètres d'une forêt dense et inhabitée les séparaient de la petite ville de Lone Pine River. Cette dernière était elle-même isolée des grandes agglomérations par les imposantes montagnes qui l'environnaient.

La sécurité était primordiale pour le lancement du centre et Carlos devait s'assurer que rien ni personne ne vienne entraver la bonne marche de l'installation.

Les sens en alerte, il surveillait les environs avec une vigilance accrue depuis les derniers sabotages des Indiens. Des brindilles craquèrent.

Fusil au poing, il se tint prêt à tirer.

— Carlos ? appela Maude d'une voix rauque.

Il baissa son arme et indiqua sa position en allumant sa lampe torche.

— Par ici.

— Oh, je vous trouve enfin !

Le souffle court, son chignon à moitié défait, Maude semblait à peine pouvoir tenir debout. Des traces de terre et de sang sur son pantalon blanc montraient qu'elle était tombée à plusieurs reprises.

— Que s'est-il passé ?

Malgré les nombreux actes de vandalisme, personne n'avait été blessé jusqu'à présent. Les intrus s'en étaient essentiellement pris au matériel ou avaient essayé d'intimider les employés en faisant croire que les lieux étaient hantés.

— Je... Mon chalet...

Il l'invita à s'asseoir pour reprendre sa respiration avant de tout lui raconter. Ce qu'elle fit, aussi clairement que possible malgré son émotion.

— Vous avez réussi à semer le loup ? s'étonna-t-il en tendant l'oreille pour savoir si l'animal était encore dans les parages.

Par mesure de sécurité, il arma son fusil.

Un loup errant… Et les journalistes arrivaient le lendemain !

— Le plus bizarre, c'est que c'est lui qui s'est enfui ! fit Maude. Enfin… il s'est évanoui dans les airs.

Carlos réfléchit à ce qu'elle venait de dire.

Un lit qui sautait sur place et un arbre qui s'enflammait brusquement, tout cela était réalisable… à l'aide de quelques trucages. Mais l'apparition et la disparition de ce loup lui semblaient d'autant plus alarmantes que seul un animal affamé, blessé ou malade pouvait s'aventurer aussi près d'une habitation.

— Venez avec moi, on va voir ça de plus près. Ensuite je vous conduirai au Lodge. Doris soignera votre blessure au genou.

Il lui tendit le bras pour l'aider à se relever.

Une fois arrivés devant le chalet de Maude, tout leur sembla calme.

Carlos inspecta le sapin qui était supposé avoir pris feu mais ne trouva aucune trace de combustion, ni sur le tronc ni sur les branches.

— Je ne comprends pas, balbutia la cuisinière. L'arbre s'est enflammé sous mes yeux et j'ai senti la chaleur !

— Ce n'était peut-être qu'une illusion. Il suffit d'un appareil de projections holographiques…

Il n'y croyait pas vraiment lui-même, mais voulait avant tout la rassurer.

— Oui, c'est possible... admit-elle à contrecœur tandis qu'ils pénétraient tous deux dans le chalet.

Dans la chambre, ils ne trouvèrent rien de particulier.

— Peut-être était-ce une secousse sismique très localisée.

— Un tremblement de terre qui... n'aurait fait bouger que le lit ?

Il haussa les épaules.

— Ce n'est pas impossible. Le sol, à cet endroit, est peut-être moins stable qu'ailleurs...

— Bien que cela ait l'air un peu tiré par les cheveux, je préfère cette explication à celle des fantômes. Avec ces formes blanches qu'on aperçoit quelquefois dans les arbres, je commençais à y croire !

— Oh, ce ne sont certainement que des mousses ou des lichens phosphorescents.

— Si ce n'est que ça, me voilà rassurée !

— Je vous accompagne au Lodge ?

— Oh non, ce n'est pas la peine.

— Je vais faire une ronde jusqu'à ce que tout le monde soit couché. Criez, si vous avez besoin de quelque chose, je resterai à portée de voix.

Il attendit qu'elle ait fermé la porte à double tour avant d'allumer sa lampe torche et d'inspecter une derrière fois les alentours.

Puis il regagna son chalet pour chercher des munitions. Si un loup rôdait dans les parages, mieux valait prendre toutes ses précautions.

Quelle ne fut pas sa stupeur en allumant une bougie dans sa chambre !

Le crâne blanchi d'un loup trônait sur son oreiller… et du sang coulait de ses orbites creuses.

CHAPITRE 3

— Voilà, c'est ici ! annonça Phoebe. J'espère qu'ils ont du bon café.

Paige ralentit, mit son clignotant et gara sa Beetle vert anis devant le Mountain High Café. L'établissement se situait à l'entrée de Lone Pine River, juste à côté de Hawk's, le magasin général qui faisait office d'épicerie, de quincaillerie et de station-service.

— On doit laisser la voiture ici, déclara Phoebe. Aucun véhicule motorisé n'est autorisé à Sierra Sojourn. Les employés comme les hôtes sont amenés sur le site en car.

Paige coupa le moteur et passa la tête par la fenêtre de sa portière.

— Qu'est-ce qu'on fait, maintenant ?

— On va en profiter pour grignoter quelque chose. Le trajet jusqu'au centre dure plus de trois heures ! Je ne tiendrai pas jusque là-haut.

Les deux sœurs avaient pris la route à l'aube et n'avaient encore rien mangé de la matinée.

— Moi non plus et je meurs de faim. Pourvu qu'on ait le temps de déjeuner avant le départ du car.

— Je ne le vois nulle part. Et puis, on doit aussi trouver Angie Swanson.

— À quoi ressemble-t-elle ?

— D'après Gil, il faut s'attendre à un top model !

— Ne serait-ce pas la fille, là-bas ?

Phoebe jeta un coup d'œil dans la direction que lui indiquait sa cadette et vit une superbe jeune femme élancée, à la crinière flamboyante, qui traversait le parking en tirant derrière elle une valise. Avec son jean moulant, ses bottes à talons hauts et son chemisier en soie, personne n'aurait pu imaginer qu'elle se préparait à un week-end en pleine nature.

— Oh, oui, ça m'en a tout l'air.

— Et lui, qui est-ce ?

Paige désignait un beau jeune homme blond qui refermait le coffre de son 4 x 4. Plutôt grand et athlétique, il portait un jean délavé, des bottes et un blazer bleu marine sur une chemise blanche.

— Je ne le connais pas, répondit Phoebe. Mais… il n'est pas vilain, même si je préfère le charme ténébreux de Cole.

— Pour un cow-boy sur le retour, il est pas mal… fit Paige avec une moue.

— Arrête, il n'a pas plus de trente-cinq ans ! s'indigna Phoebe tout en se demandant où elle avait bien pu voir ce visage.

— C'est ce que je dis : c'est un vieux !

Elles le suivirent des yeux. Le nez dans un magazine, il se dirigea droit sur Angie, qu'il bouscula un peu rudement.

— Oh… je suis désolé, fit-il. Je ne vous ai pas fait mal, j'espère ?

— Non, ça va.

La jeune femme lui jeta un regard irrité avant de se rendre compte qu'elle le connaissait. Son visage s'illumina aussitôt.

— Mitch Rawlings, n'est-ce pas ? Je suis Angie Swanson, du *415*.

Phoebe saisit le bras de Paige et lui souffla :

— Écoute, c'est Mitch Rawlings !

— Qui ?

— Un journaliste du *National Weekly* ! Wouah ! Il y a du beau monde, on dirait !

Mitch Rawlings était réputé pour ses articles d'investigation sur la corruption dans les milieux politiques. L'année précédente, il avait dévoilé les malversations d'un juge fédéral, innocenté un membre du Congrès accusé de fraude lors d'une campagne, et déjoué les manœuvres d'une société visant à détourner à son profit les bénéfices d'une compagnie des eaux.

— Bon, je vais me dégourdir les jambes, lança Paige. Tu viens ?

Phoebe sortit de la voiture à sa suite, s'empara de son appareil et tendit à sa sœur un billet de vingt dollars.

— Puisque tu vas te balader, ça t'ennuierait de me prendre six autres rouleaux de pellicules, dans le magasin, là-bas ?

— Non, bien sûr. Mais tu en as déjà douze, ça ne te suffit pas ?

— Plus je prendrai de photos, plus j'aurai de chances d'en avoir de réussies. Attends… achète-moi aussi trois appareils jetables. Au cas où j'aurais des ennuis avec celui-ci.

— Mieux vaut prévenir que guérir, hein ? Peut-être que je devrais m'acheter un camion de magazines, histoire d'avoir à m'occuper dans ce trou perdu…

— Très drôle ! Je sais que je suis un peu stressée, mais c'est mon premier reportage ! Je n'ai pas droit à l'erreur.

Comme Paige se dirigeait vers la petite épicerie, Phoebe rejoignit les deux journalistes qui bavardaient au milieu du parking.

— Bonjour. Vous faites partie du groupe qui monte à Sierra Sojourn ?

— Oui. Je me présente : Phoebe Halliwell, du *415*.

— Alors, vous devez connaître Angie, dit-il.

— Oui et non. Nous sommes associées dans cette mission, mais nous n'avons pas encore fait connaissance.

Elle tendit la main à la superbe rousse.

— Bonjour, Angie. C'est un plaisir pour moi de travailler avec vous.

— Pour moi aussi, répondit cette dernière sans enthousiasme. On pourrait se retrouver un peu plus tard pour parler de cet article, d'accord? Mitch et moi allions manger un morceau avant le départ.

— Mais vous pouvez vous joindre à nous, Phoebe.

— Oh, avec plaisir, répondit-elle malgré la mine contrariée d'Angie.

— Quelle heure est-il? demanda Piper en s'étirant langoureusement.

— Midi, fit Léo qui sortait de la salle de bains.

Il enfila un pull noir et vint s'asseoir sur le lit.

— Te voilà reposée!

— Une bonne cure de sommeil de temps en temps, ça ne fait pas de mal.

Son travail au P3 l'obligeait souvent à veiller jusqu'à l'aube et, ce week-end, Léo et elle avaient le manoir Halliwell rien que pour eux! Aucun monstre ni démon à l'horizon, les prochains jours s'annonçaient idylliques.

Elle donna un baiser à son mari et se leva, radieuse.

— Tu as faim ?

— Je grignoterais volontiers quelque chose.

— Je descends nous préparer un brunch.

Elle n'avait pas quitté la chambre que le téléphone se mit à sonner. Léo lui fit signe qu'il s'en occupait.

— Ah, inspecteur Morris, l'entendit-elle dire. Bonjour, quoi de neuf ?

Piper se figea. Darryl n'appelait en général qu'en cas d'urgence. Il était l'un des rares mortels à savoir que les sœurs Halliwell étaient des sorcières et il faisait souvent appel à elles pour résoudre certaines énigmes criminelles.

— D'accord, reprit Léo en jetant à sa femme un regard désolé. On arrive.

Piper fit demi-tour et commença à s'habiller.

— Alors, de quoi s'agit-il ?

— L'alarme s'est déclenchée, au P3. Darryl voudrait qu'on le rejoigne sur place.

Elle blêmit.

— On a volé quelque chose ?

— Je ne sais pas et Darryl non plus, il n'est pas encore là-bas. Il nous a appelés parce que l'alarme s'est mise en marche. Mais ne t'inquiète pas, il est vendredi midi, personne ne tenterait un cambriolage en plein jour. Ce doit être un mauvais contact.

— J'espère que tu as raison, parce que si le club n'ouvre pas ce soir, c'est avec la banque que je vais avoir des problèmes…

Paige poussa la porte du magasin général et se retrouva plongée au milieu d'un incroyable bric-à-brac. Sans le faire exprès, elle laissa claquer la moustiquaire, ce qui fit sursauter le vieil homme assis derrière le comptoir.

— Désolée, dit-elle sur un ton penaud.

— Pas de problème, répondit-il en se levant. Un petit sursaut de temps à autre, ça stimule un vieux cœur comme le mien.

Elle lui sourit, charmée par le regard pétillant de malice qui illuminait le visage ridé mais non sans caractère du vieux monsieur.

— Qu'est-ce que je peux faire pour vous, miss ?

— Je jette juste un coup d'œil, merci.

— Comme vous voudrez, fit-il avant de retourner s'asseoir. Faites-moi signe quand vous aurez trouvé quelque chose.

— Je n'y manquerai pas.

La jeune femme déambula entre les hautes étagères chargées des marchandises les plus diverses. Conserves, épices, livres de poche et outils de jardinage s'entassaient sans ordre évident. Il y avait aussi des objets d'artisanat indien.

La porte s'ouvrit sur une silhouette masculine en uniforme. L'homme s'avança d'un pas lourd et alla s'appuyer contre le comptoir.

— Salut, John.

— Shérif Jefford. Vous désirez ?

Paige sentit une pointe d'appréhension dans la voix du vieil homme.

— J'ai quelques questions à te poser.

— Oui, je vous écoute.

La tension manifeste entre les deux hommes intrigua Paige qui tendit l'oreille.

— Où étais-tu, la nuit dernière, vers neuf heures ?

— Je fermais le magasin. Pourquoi ?

C'est alors que la jeune sorcière vit un jeune homme aux cheveux noirs sortir du magasin sur la pointe des pieds. Le shérif ne semblait pas s'en être rendu compte.

— Carlos Martinez du Sierra Sojourn nous a encore appelés pour porter plainte. Apparemment, quelqu'un aurait cherché à l'effrayer, lui et la cuisinière.

Sierra Sojourn... ? Paige se rapprocha.

— Que s'est-il passé ?

— Des arbres qui s'enflamment d'un seul coup mais qui ne brûlent pas... Des meubles qui bougent tout seuls... Un crâne d'animal rempli de sang, le fantôme d'un loup... Ça te dit quelque chose ?

— Non, j'essaie d'imaginer. Mais, c'est peut-être eux, là-haut, qui ont inventé tout ça ?

— Carlos n'invente rien, John. Qui s'est amusé à faire ça ?

— Pas moi.

— Pas toi, mais peut-être un des tiens. Si tu ne veux rien me dire, John, je serai obligé d'interroger les membres de ta tribu un par un.

Un autre jeune homme se glissa dans le magasin, aussi silencieusement que le premier en était sorti. Il vit Paige et se dirigea d'un pas désinvolte vers les accessoires auto. Il attrapa un bidon d'huile, fit mine d'en lire la notice tout en tendant l'oreille pour ne rien manquer de la conversation entre le vieil homme et le shérif. Grand et élancé, il avait le visage tanné par le soleil et les cheveux mi-longs attachés sur la nuque.

— Les Sinoyats, déclara John, qui venait de s'apercevoir de la présence du jeune homme, se sont tous réfugiés au Kansas... Dois-je vous rappeler que le gouvernement nous a chassés de la montagne il y a cent ans et que, depuis, il n'y a presque plus de Sinoyats dans la région ?

— Je connais l'histoire, John.

Paige, quant à elle, aurait bien aimé en savoir plus. Elle passa devant un présentoir de bonbons et fut tentée de prendre un sachet de sucettes fluo. Elle se retint mais... avant qu'elle n'ait eu le temps de réagir, des étincelles auréolèrent le paquet qui se matérialisa dans ses mains.

La sorcière se figea et tourna lentement la tête vers le jeune homme dans l'allée pour voir s'il avait été témoin de la scène. Ce dernier la dévisageait avec stupeur mais détourna aussitôt les yeux et se replongea dans la lecture de la notice du bidon d'huile comme si de rien n'était.

— Tu viens de le reconnaître toi-même, John, vous êtes encore quelques-uns dans la région. Une trentaine, si ma mémoire est bonne.

— Plus ou moins, c'est vrai.

— De plus, vous êtes les seuls en ville à avoir des problèmes avec Vista Dream. Vous êtes donc les premiers suspects quand des actes de vandalisme sont commis sur le site. Il n'y a aucune preuve, bien sûr, du moins… pas encore.

À cette réflexion, le jeune homme se crispa. Paige aussi pensait que le shérif Jefford se montrait un peu rude avec le vieil Indien. Ce dernier restait cependant impassible et soutenait le regard du policier sans ciller.

— Vous accusez les Sinoyats, mais n'avez-vous jamais pensé que c'est M. DeLancey le véritable coupable ? Il profane les terres tribales qui nous ont été volées. Peut-être est-ce Glooscap et son frère loup qui le punissent.

Le jeune homme secoua la tête et s'éloigna du comptoir.

— Moi, je parierais plutôt que celui qui s'amuse à jouer ces sales tours va finir par commettre une erreur et se retrouver derrière les barreaux. Je t'ai à l'œil, John. Et ceux de ta tribu aussi. Tiens-le-toi pour dit.

Les deux hommes se toisèrent en silence, puis le shérif sortit du magasin d'un pas rageur.

Paige se souvint alors de ce que lui avait raconté Phoebe, la veille au soir. Il se passait en effet bien des choses étranges là-haut, dans la montagne.

CHAPITRE 4

Assises à l'avant du car, les deux sœurs Halliwell contemplaient la forêt et les canyons rocheux qui défilaient sous leurs yeux. La route sinueuse qui menait à Sierra Sojourn était cahoteuse et en piètre état.

Jeremy Fenton, leur guide – qui se faisait appeler en toute modestie « responsable des relations publiques » – commentait le paysage d'une voix soporifique. Ce type était une véritable caricature ! En T-shirt blanc et treillis kaki, il ne quittait pas ses lunettes de soleil ultrabranchées et ne cessait de regarder son reflet dans les vitres du véhicule.

Paige soupira. Cela faisait plus d'une heure qu'il les assommait à coups d'éloges de Vista Dream. À l'en croire, cette société était une œuvre d'intérêt publique, ne visant qu'au bien-être de ses clients et au respect de la nature.

Personne ne semblait vraiment l'écouter, ni Gloria, l'adolescente qui accompagnait son père, David Stark, un chroniqueur de Los Angeles, ni Mitch Rawlings qui bavardait avec Angie, ni aucun des autres journalistes présents. Gloria et Paige étaient les deux seules à ne pas appartenir à la presse.

La jeune femme jeta un coup d'œil sur le chauffeur du bus, Ben Waters, qui se révélait être le jeune homme qu'elle avait croisé dans le magasin général de Lone Pine River. Il travaillait à Sierra Sojourn en tant que technicien chargé de l'entretien, guide forestier et chauffeur. Si ce Jeremy n'était pas aussi bavard, elle aurait pu engager la conversation avec Ben, ou du moins rapporter ce qu'elle avait vu et entendu à Phoebe. De peur d'en oublier l'essentiel, elle décida de tout noter par écrit.

— Tu peux me prêter ton carnet ? demanda-t-elle à sa sœur.

— Pour quoi faire ? Un poème sur notre merveilleux guide ?

Elles pouffèrent toutes deux.

— En tout cas, une chose est sûre : vu comme ce voyage commence, Piper et Léo doivent s'amuser beaucoup plus que nous, lança Paige.

L'agacement de Piper grandissait à mesure qu'elle lisait le rapport de police. Tout allait de travers depuis le coup de fil de Darryl.

À peine levée, elle avait dû se précipiter au P3 pour constater qu'on avait bel et bien cherché à cambrioler le club. Grâce au nouveau système de sécurité, la police avait été prévenue à temps et les voleurs s'étaient enfuis les mains vides. Seules une fenêtre était cassée et une des caisses forcée.

Le plus ennuyeux dans cette histoire, c'est que Piper et Léo avaient passé deux heures à vérifier que rien ne manquait, puis une heure au bureau de police pour remplir un constat. Le temps de rentrer au manoir, l'après-midi serait déjà bien entamé. Leur petit week-end en amoureux commençait plutôt mal !

Dans le car qui poursuivait sa montée vers Sierra Sojourn, Phoebe regarda sa montre. Cela faisait plusieurs kilomètres qu'ils avaient quitté la route principale pour suivre un chemin encore plus accidenté : ils ne devraient pas tarder à arriver au centre.

Malgré, ou plutôt grâce aux commentaires interminables de Jeremy, elle avait dormi une bonne partie du trajet.

Paige aussi s'était assoupie et tenait encore le carnet de notes de sa sœur dans les mains. Phoebe le reprit délicatement et y jeta un coup d'œil.

— Il commence à pleuvoir, entendit-elle déclarer Gloria.

David, son père, ouvrit un œil pour regarder par la fenêtre et fronça les sourcils.

— Oh zut ! s'écria Jeremy. La météo annonçait un ciel clair et du beau temps pour tout le week-end.

— J'espère que le car ne va pas tomber en panne, ajouta l'adolescente. C'est encore loin ?

— Ne t'inquiète pas, la rassura Jeremy. On arrive bientôt. Si on tombait en panne, Ben appellerait Sierra Sojourn sur sa CB, et Carlos nous enverrait une Jeep.

— Une Jeep ne peut transporter que cinq personnes… Combien d'allers et retours devrons-nous faire pour monter tous jusque là-haut ?

Vista Dream devrait engager cette jeune fille comme animatrice, songeait Phoebe, amusée.

— Arrête d'angoisser, la gronda son père. Je suis certain que tout est prévu en cas d'urgence.

— Exactement, monsieur Stark, enchaîna Jeremy. Il n'y a aucun souci à se faire. Nous avons pris toutes les précautions nécessaires. Prenez Ben, notre chauffeur, par exemple…

— Hum… je veux bien, murmura Paige que la voix du guide avait fini par réveiller.

Phoebe manqua s'étrangler de rire.

— C'est un Indien, et il connaît parfaitement la région. N'est-ce pas, Ben ?

— Oui, répondit ce dernier avec un petit geste de la main. Et j'ai vérifié l'état du bus avant de partir. Tout va bien.

Paige s'étira puis se pencha en avant pour s'appuyer sur la barre métallique qui la séparait du siège du conducteur.

— Depuis combien de temps travaillez-vous pour Vista Dream, Ben ?

— Deux semaines.

Il avait une voix grave et mélodieuse.

— Oh, vous êtes nouveau dans la société. Et, qu'est-ce que vous faisiez, avant ?

— Du droit.

La légère bruine s'était transformée en un véritable déluge et le ciel s'était obscurci subitement.

— Où avez-vous fait vos études ?

— À Princeton. J'ai obtenu mon diplôme à la fin de l'année.

— Wouah ! Vous êtes diplômé de Princeton ! s'écria Phoebe. Mais, pourquoi êtes-vous chauffeur de car, alors ?

Ben essuya le pare-brise d'un revers de main et mit en route le système antibuée.

— J'ai pensé qu'un boulot d'été en pleine nature me changerait des bouquins et des études.

— Pourquoi pas… commenta Paige.

— Vous passerez le concours du barreau ? demanda Phoebe.

— Oui, bien sûr, mais j'ai plusieurs mois pour m'y préparer.

Ralentissant au maximum, il négocia habilement un virage serré.

— Et… hésita Paige, que pensez-vous de l'interrogatoire qu'a fait passer le shérif à M. Hawk, tout à l'heure, dans sa boutique ?

— C'est quoi, cette histoire ? s'étonna Phoebe, intriguée.

Si Ben comprenait de quoi Paige lui parlait, il n'en montra rien.

— Désolé, dit-il, mais la route est difficile et j'ai du mal à me concentrer.

Phoebe interrogea sa sœur du regard. Celle-ci se contenta d'un haussement d'épaules et lui répondit assez fort pour que l'Indien l'entende :

— Laissons-le conduire tranquillement. Avec cet orage, mieux vaut rester vigilant.

Des gerbes d'eau s'abattaient sur le pare-brise et la visibilité était presque nulle. Des éclairs zébraient le ciel et les coups de tonnerre s'intensifiaient. Le véhicule glissait sur le chemin boueux.

— Ne serait-il pas préférable de s'arrêter et d'attendre que ça cesse ? suggéra Angie avec une grimace d'inquiétude.

— Je ne pense pas, fit Jeremy d'une voix peu assurée. Qu'en dites-vous, Ben ?

— Il vaut mieux ne pas s'arrêter, au contraire. On aurait encore plus de mal à repartir.

— C'est effectivement ce que je crois, intervint Mitch.

Phoebe se tourna vers lui, étonnée. Il lui fit un

petit signe de tête et un grand sourire charmeur qui, fort heureusement, échappa à sa voisine.

Les autres journalistes n'avaient pas l'air inquiet. Pendant le déjeuner, Mitch avait raconté qu'au cours d'une de ses missions David Stark avait été parachuté dans la jungle avec un groupe d'explorateurs à la recherche d'un trésor précolombien. Après un périple de deux mois, ils étaient revenus méconnaissables et sans la moindre once d'or aztèque. Ce n'était donc pas la première fois qu'il se retrouvait dans une situation critique. Il devait en être de même pour la plupart d'entre eux.

— C'est un pont qu'on aperçoit, là-bas ? demanda Paige. Vous êtes sûr qu'il va tenir le coup ?

— Il est là depuis toujours, répondit Ben sans quitter la route des yeux.

— Et il est bien plus solide qu'on pourrait le croire, ajouta Jeremy. Vista Dream l'a fait renforcer pour qu'il puisse supporter tous les engins nécessaires à la construction du centre. Il est parfaitement sûr.

Comme le car s'engageait sur le pont, Phoebe se colla à sa sœur pour tenter de voir quelque chose en contrebas. Une rivière que la pluie avait transformée en torrent courait entre de gros rochers.

Un éclair sillonna le ciel gris et s'abattit sur le sommet d'un grand arbre, sur la rive opposée.

Gloria poussa un cri d'effroi, et Angie saisit le bras de Mitch.

Une femme, au fond du car, prit plusieurs photos de l'arbre calciné et fumant sous les trombes d'eau.

Le car fut secoué par un soubresaut et Phoebe projetée en avant. Elle s'agrippa à la barre métallique fixée derrière le siège du chauffeur mais heurta sans le vouloir l'épaule de Ben.

C'est alors qu'elle eut une vision qui la glaça d'horreur.

La rivière était déchaînée et les eaux en furie fondaient sur le pont comme un raz de marée, démolissant sur son passage la fragile structure de bois. Le bus fut précipité dans le vide et emporté par le cours d'eau avant de s'écraser contre les rochers…

Reprenant son souffle, Phoebe se redressa et se tourna vers sa cadette, les yeux écarquillés. L'image du véhicule en miettes et des corps sans vie de ses passagers ne la quittait pas.

Personne n'en réchapperait.

CHAPITRE 5

Rien qu'en voyant le visage angoissé de sa sœur, Paige devina qu'il allait se produire quelque chose de terrible.

Phoebe se ressaisit aussitôt et se pencha vers le chauffeur.

— Accélérez, Ben ! Accélérez !

— Le pont est glissant, c'est trop risqué.

— Ne discutez pas ! Faites-le !

Elle se tourna alors vers l'arrière et lança :

— Écoutez-moi tous ! Mettez-vous la tête sur les genoux !

— Ben, qu'est-ce que vous faites ? s'étrangla Jeremy tandis que le véhicule prenait brusquement de la vitesse. Ralentissez tout de suite !

— Mon Dieu, qu'est-ce qui…

Angie fut incapable d'achever sa phrase.

Après avoir jeté un rapide coup d'œil au-dehors, Mitch hurla :

— Tout le monde à terre !

Les passagers obéirent sur-le-champ, à part la photographe qui continuait de mitrailler à travers les vitres inondées de pluie.

Phoebe plongea en avant et se couvrit la tête avec les bras.

La rivière gonfla pour devenir une gigantesque déferlante… qui se dirigeait droit sur le pont. Le car continuait sa fuite vers la rive opposée, mais il était déjà trop tard.

Prise de panique, Paige se dématérialisa juste avant que le mur d'eau ne vienne s'écraser contre le pont de bois.

Phoebe aperçut du coin de l'œil le scintillement lumineux qui annonçait la disparition de sa sœur. La jeune sorcière possédait le don de se téléporter, comme les Êtres de Lumière, mais elle ne maîtrisait pas encore très bien ses pouvoirs. Une peur subite la faisait instinctivement battre en retraite.

Les cris des passagers se perdirent au milieu du rugissement de l'eau et du fracas de la charpente qui explosa sous l'impact. Des arbres furent emportés et engloutis par les flots.

— Cramponnez-vous ! hurla Ben en appuyant à fond sur l'accélérateur.

Il avait perdu le contrôle du véhicule et finit par lâcher le volant… mais son accélération suffit à les propulser sur la terre ferme.

Le bus fit une embardée, tournoya sur lui-même puis finit par s'immobiliser.

Au même moment, Paige réapparut dans un halo lumineux.

Un silence stupéfait accueillit l'arrêt subit du car. Les passagers n'arrivaient pas à croire qu'ils étaient parvenus à atteindre l'autre rive vivants.

— On l'a échappé belle ! souffla Paige.

— C'est le moins qu'on puisse dire, balbutia Phoebe.

Un rapide regard vers Ben lui assura qu'il n'avait pas remarqué la spectaculaire et soudaine absence de sa sœur. Coincé entre le volant et son siège, il s'en extirpa lentement, repoussa du pied des débris de verre éparpillés un peu partout, et brancha son émetteur CB.

L'appareil n'avait pas l'air de vouloir fonctionner. Il le cogna rageusement contre le tableau de bord.

— Il ne marche plus ? demanda Phoebe.

— Apparemment, non.

Il se retourna alors vers les deux jeunes femmes.

— Ça va, vous n'avez rien de cassé ?

— Ça va, merci. Mais, on ne peut pas dire la même chose de votre bus.

— Tant que les dégâts ne sont que matériels ! Je vais jeter un coup d'œil dehors, est-ce que vous pourriez voir si tout le monde va bien ?

La tempête continuait de faire rage et il n'était pas très prudent de s'aventurer à l'extérieur.

— Va avec lui, dit Phoebe à Paige. Je m'occupe des autres.

Pendant qu'ils ouvraient la portière, Phoebe s'accroupit près de Gloria. Encore sous le choc, l'adolescente reprenait son souffle et hocha la tête pour signifier qu'elle n'avait rien. Son père ne semblait pas blessé non plus. Les autres passagers paraissaient également indemnes. Certains d'entre eux commençaient même à prendre des notes.

Jeremy se frottait l'épaule en grimaçant et se mit à la recherche de ses lunettes de soleil. Il les retrouva écrasées sous son siège et ne s'inquiéta de ses hôtes que lorsque ces derniers parlèrent de soins médicaux et d'assurance.

— Il y a des blessés ? s'enquit-il alors.

— Tout va bien, lança David Stark, rien de très grave.

Angie avait une entorse au poignet, et Brandon Lane, un chroniqueur de New York, une profonde entaille au-dessus de l'œil.

— Nous avons ce qu'il faut pour vous soigner au Lodge, leur affirma alors Jeremy. Tous les soins nécessaires vous seront donnés gracieusement, bien entendu.

— Une infirmerie ! s'indigna Angie. Mais il faudrait que je passe une radio. N'y a-t-il pas un hôpital dans les environs ?

— Malheureusement, l'hôpital le plus proche est à plusieurs heures de route et il faudrait rebrousser chemin, fit Jeremy. Or, le pont est impraticable, maintenant.

— L'important est d'arriver d'abord à l'infirmerie, déclara Mitch. Est-ce qu'on est encore loin de Sierra Sojourn ?

— Je ne sais pas, avoua Jeremy.

— À trois heures de marche, si nous coupons à travers bois, annonça Ben qui venait de remonter dans le car avec Paige. À cinq, si nous suivons la route.

— Il va falloir marcher ? s'exclama Gloria avec effroi.

— Nous n'avons aucun moyen d'appeler les secours. La CB ne marche plus. La seule façon d'arriver à Sierra Sojourn avant la nuit est de se mettre en route sans tarder.

— On ne peut pas réparer le bus ? hasarda Jeremy.

— Impossible. Il faudrait des pièces de rechange.

On s'en sort plutôt mieux que prévu... songea Phoebe en se rappelant l'image de la catastrophe. *Heureusement que personne n'a remarqué la disparition de Paige et qu'on ne me demande pas comment j'ai su ce qui allait arriver !*

Ben marchait en tête, suivi des deux sœurs Halliwell et des autres passagers. Paige ralentit un instant le pas pour ajuster son sac auquel l'Indien avait ajouté des lanières afin qu'elle puisse le porter sur le dos.

— Tu as besoin d'aide ? lui demanda Phoebe.

— C'est bon, merci.

Tous les journalistes s'étaient ralliés à l'opinion de Ben et ils s'acheminaient lentement vers le centre à travers bois. Il n'y avait, bien sûr, que Jeremy pour se plaindre de la boue et du froid. Même Gloria surmontait cette épreuve avec courage et dignité.

Son talkie-walkie à la main, Ben jeta un coup d'œil par-dessus son épaule pour vérifier que tous le suivaient et lança :

— Mitch, vous m'entendez ? Terminé.

— Je vous entends.

Avant de se mettre en route, il avait chargé Mitch de fermer la marche et de veiller à ce que ses ordres soient strictement observés. Si quelqu'un se perdait dans ces forêts, on risquait de ne jamais le retrouver.

— Tout va bien ?

— Oui, tout le monde suit. À vous.

— Parfait. Terminé.

Il coupa la communication et s'arrêta pour regarder sa boussole.

La pluie avait cessé de tomber et une légère brume donnait au paysage un air surnaturel. La forêt, majestueuse, semblait s'étendre à l'infini. Gorgée d'humidité, la terre moussue embaumait.

Paige s'étonna de se sentir aussi à l'aise dans cet environnement. Elle qui n'avait connu que la ville et le béton avait l'impression d'être chez elle au milieu des arbres. *Encore une sensation de sorcière*, se dit-elle en souriant.

— Ça n'a pas l'air d'aller trop mal pour Gloria, fit remarquer Phoebe après un bref regard à David.

— Oui, je suis fière d'elle. Je vous avoue que j'appréhendais un peu ce week-end…

Comme elle écarquillait les yeux sans comprendre, il s'expliqua :

— Ce petit séjour constitue une reprise de contact pour nous deux. Mon métier m'a éloigné de ma fille durant de longues années et je l'ai à peine vue grandir. Ces deux jours ensemble ne remplaceront pas la présence d'un père au quotidien, mais j'espère que cela nous aidera à nous rapprocher.

— C'est donc pour ça qu'elle vous accompagne ?

— En quelque sorte, oui. Elle est aussi le sujet principal de mon reportage.

— Comment cela ?

— Gloria est une de ces adolescentes que l'on dit « à problèmes ». Si un séjour « à la dure » dans la nature lui fait du bien, Sierra Sojourn pourrait être considéré comme l'une des meilleures thérapies contre le stress.

— Quelle bonne idée ! s'exclama Phoebe. J'ai hâte de lire votre rapport là-dessus.

— Attention où vous mettez les pieds, intervint Ben en s'arrêtant devant une montée escarpée. Ces pierres ne sont pas stables. Je ne voudrais pas que l'un d'entre vous se brise le cou !

Paige admira l'agilité et l'assurance de l'Indien. D'abord intriguée par l'aura de mystère qui l'entourait, elle était maintenant sous le charme. Il dégageait une sérénité apaisante et possédait en outre un sourire à se damner.

La troupe le suivit en silence et parvint à un sentier qui longeait un ravin bordé de broussailles épineuses. Il fallait faire attention à chaque pas tout en prenant soin de ne pas s'accrocher aux ronces.

Après une marche difficile et périlleuse, ils débouchèrent enfin dans un sous-bois clairsemé dont le sol était recouvert de mousse et de lichen. Tout le monde se détendit et les bavardages reprirent peu à peu.

— C'est mon imagination ou on est suivis ? souffla Phoebe à sa sœur en jetant autour d'elle des regards furtifs.

— On est suivis. Il y a des mouvements entre les arbres.

— J'ai l'impression qu'on nous épie depuis qu'on a quitté le car.

Paige se raidit et scruta les environs d'un air inquiet.

— Je n'arrive pas à voir ce que c'est... un homme ou un animal, reprit Phoebe, mais *ça* se rapproche.

— C'est peut-être le fantôme du loup dont le shérif a parlé à John Hawk, ce matin, suggéra sa cadette.

Elle se mordit les lèvres, car elle avait parlé trop fort et Ben l'avait entendue.

Ce dernier tourna vivement la tête et déclara :

— Un loup n'approcherait jamais un groupe comme le nôtre. Il est trop craintif pour attaquer.

— À moins qu'il ne soit malade ou blessé. J'ai vu dans une émission que les loups pouvaient dans ces cas très précis s'attaquer à l'homme.

— C'est vrai, mais je n'ai vu aucune trace de loup par ici. Et un animal malade se fait vite repérer.

— Le *fantôme* d'un loup, lui, aurait pu échapper à votre surveillance, insista Phoebe après avoir remarqué qu'il avait délibérément ignoré un détail pourtant marquant.

Puis elle interrogea sa sœur du regard, ne comprenant pas qui était ce John Hawk dont elle parlait.

— Vous croyez... aux fantômes ? lui demanda Ben avec un sourire sceptique.

— John Hawk y croit, s'empressa de répondre Paige.

— Mais qui est cet homme ? voulut savoir Phoebe.

— Le vieux monsieur qui tient le magasin général, lui expliqua Paige en pressant le pas pour arriver à la hauteur de l'Indien. Et ce Gooscap qu'il a évoqué, qui est-ce ?

— Glooscap, corrigea-t-il. Glooscap l'Algonquin. C'est juste un personnage de légende indienne.

— Oh, j'adore les légendes ! lança Phoebe.

— Moi aussi, fit sa cadette. Racontez-nous son histoire !

Le jeune homme sourit et haussa les épaules.

— D'accord. On raconte que Glooscap était un chaman et un sachem, le plus puissant et le plus important qui ait existé dans les tribus algonquines.

— Quelle est la différence entre un chaman et un sachem ? interrogea Phoebe.

— Le sachem est le plus ancien de la tribu, il est le sage et le conseiller, celui qui transmet les traditions aux plus jeunes. Le chaman, quant à lui, est un guérisseur et le gardien des visions.

À ce mot, Phoebe réprima une exclamation.

— Les tribus algonquines, continua Ben, s'étendaient à travers tout le pays, et cela, dit-on, grâce à Glooscap qui avait parcouru le continent entier pour répandre les traditions abénakis.

Il marqua une pause et reprit son récit, encouragé par l'intérêt que lui prêtaient les deux jeune femmes.

— La légende rapporte que Glooscap a ordonné le monde selon des règles sages et justes. Son esprit hante la terre des siens et veille à ce que cet ordre soit respecté. Si l'harmonie est brisée, alors son courroux sera sans limite.

— Ce serait donc lui qui cherche à empêcher l'installation de Sierra Sojourn ? suggéra Paige.

— Qui sait ?

Son visage se rembrunit alors subitement, comme s'il avait craint d'en avoir trop dit.

— On dit aussi que Glooscap a le pouvoir de mettre en fuite les mauvais esprits.

— Comment ça ? demanda Paige.

— Il chasse des forêts les démons et les sorcières avec l'aide de son frère loup…

— Oh… Et comment s'y prennent-ils ? s'étrangla à moitié Phoebe.

— Tout ce que je sais est que Glooscap possède des pouvoirs très puissants et que nul ne saurait lui résister.

Il leva les yeux au ciel et s'arrêta sur le bord du chemin.

— Bon, on fait une pause de dix minutes et on repart. Il nous reste la moitié du trajet à faire. Soufflez et pensez à boire un peu.

— Ouf ! Ça fait du bien de se reposer… lâcha Phoebe en se laissant tomber contre un gros rocher plat.

Tandis qu'une journaliste posait des questions à Ben, elle en profita pour s'entretenir avec sa sœur.

— C'est quoi, cette histoire avec John Hawk ?

Paige vérifia que personne ne les écoutait avant de répondre :

— J'ai surpris une conversation entre John Hawk et le shérif du comté ce matin, en allant acheter tes pellicules. Il semblerait qu'il y ait des problèmes entre Vista Dream et les Indiens de la région. J'ai cru comprendre que le vieil homme était le chef de ce qui restait de la tribu des Sinoyats et qu'il y avait eu des incidents étranges la veille à Sierra Sojourn : un arbre se serait enflammé et un loup ou un fantôme de loup rôderait autour des chalets.

— Le shérif pense que ce M. Hawk serait derrière tout ça ?

— Lui ou des membres de sa tribu... Ce serait la seule explication logique : les Indiens ont été dépouillés de la terre de leurs ancêtres et ils chercheraient à se venger ou à la récupérer d'une façon ou d'une autre.

— À moins que ce ne soit la vengeance de l'esprit de Glooscap...

— Tu crois ?

— J'ai appris qu'il ne fallait surtout pas sous-estimer les forces surnaturelles ! Après la tempête subite qui nous a accueillis tout à l'heure, je ne serais pas surprise de voir débarquer un esprit vengeur et son frère loup.

— Que devons-nous faire ? Devons-nous intervenir aux côtés des Indiens ?

Phoebe haussa les épaules.

— Je ne sais pas. C'est vrai que cette terre leur revient, mais que pouvons-nous y faire ? Notre mission est de protéger les innocents contre les forces du Mal... pas contre des promoteurs immobiliers sans scrupules.

Elles n'eurent pas le temps d'en discuter davantage.

— Il faut se remettre en route ! annonça Ben, son talkie-walkie à la main.

— Ce sont les dix minutes les plus courtes que j'aie jamais vécues ! protesta Phoebe en se relevant.

— Quand je pense qu'il nous reste encore une heure et demie de marche avant d'arriver... grommela Paige qui avait du mal à remettre son sac sur le dos.

Le petit groupe reprit sa marche pour descendre dans un canyon où coulait un ruisseau.

Mitch attendit les retardataires.

— Hé, les filles, on ne traîne pas, s'il vous plaît.

— Je suis coincée, cria Angie qui venait d'accrocher son chemisier à une branche.

— Je vais l'aider, proposa Phoebe en rebroussant chemin.

Elle fit quelques pas avant de se figer, aux aguets.

— Qu'est-ce qu'il y a ? lui demanda sa sœur.

— Écoute.

Un grondement sourd se faisait entendre au-dessus d'elles, de plus en plus proche.

— Attention ! hurla-t-elle. Un éboulement !

— Abritez-vous ! cria Ben en poussant Jeremy sur le côté.

Tétanisée, Angie regardait l'avalanche de pierres foncer droit sur elle. Mitch, qui essayait de la tirer de là, allait lui aussi se retrouver enseveli sous les rochers. Comme elle ne bougeait pas, il se jeta sur elle, la projeta au sol et la protégea de son propre corps.

Paige n'hésita pas une seconde. Elle se concentra et fit appel à ses pouvoirs.

— Rocs ! s'écria-t-elle.

L'urgence de la situation décupla son don de déplacer les objets. Les rochers qui menaçaient de s'écraser sur Mitch et Angie se transformèrent d'un seul coup en un nuage de poussières scintillantes... avant de se rematérialiser un peu plus loin au-dessus du ruisseau où ils retombèrent en projetant d'immenses gerbes d'eau.

Afin d'éviter la collision, Phoebe avait, instinctivement, utilisé ses dons de lévitation. Quand Paige se retourna vers son aînée, elle lui fit signe de redescendre tout de suite.

— Oui, je sais !

Après quelques instants de stupeur, Mitch rouvrit les yeux, se releva et aida Angie à faire de même. Les deux sorcières furent soulagées de constater qu'ils n'avaient rien vu de leurs petits tours de passe-passe. Les autres membres du groupe qui s'étaient réfugiés dans les buissons réapparurent un à un, l'air hébété.

— Désolé, Angie, s'excusa Mitch alors que celle-ci se massait la nuque. J'espère que je ne t'ai pas fait trop mal.

— Tu plaisantes ! Tu viens de me sauver la vie. C'est à moi de te remercier plutôt.

— Et ton poignet ?

— Mon poignet ? (Elle le fit tourner autour de l'articulation.) Il ne me fait plus mal. C'est étonnant !

— Il serait quand même préférable de le montrer à l'infirmière.

Il se tourna alors vers le tas de pierres au milieu du ruisseau et fit la moue.

— Je n'arrive pas à comprendre comment toutes ces pierres nous sont passées dessus sans nous atteindre. Ça tient du miracle.

— Oui, c'est incroyable, reconnut Angie. En l'espace de deux heures à peine, on a échappé à deux accidents quasi mortels. Rien de tel pour écrire un article sensationnel.

Puis, voyant la tête de Jeremy sortir d'un taillis pour vérifier qu'il n'y avait plus aucun danger, elle lui lança :

— Je suis sûre que vos futurs clients seront heureux de tester leur endurance et leur aptitude à survivre dans une nature hostile sans voir pour autant leur vie menacée ! Vous ne croyez pas ?

Tout penaud, il bredouilla de vagues excuses sans oser affronter son regard.

Phoebe prit sa sœur à part :

— Ne trouves-tu pas louche ce genre d'avalanche ?

— Vu l'endroit où nous sommes, non. Cela peut arriver.

— Angie vient de faire remarquer quelque chose de très juste : nous avons échappé à deux « accidents » en à peine quelques heures... J'ai comme l'impression qu'on ne veut pas de nous ici.

— Il est possible que cet éboulement ait été causé par quelqu'un, mais cela ne démontre pas qu'il y a une puissance magique derrière tout ça. Les Sinoyats, par exemple, ont de bonnes raisons de nous en vouloir.

Phoebe acquiesça en silence. L'hypothèse de Paige tenait debout.

— Imaginons en effet qu'un des journalistes soit blessé ou même tué durant son séjour, cela provoquerait un scandale tel que Sierra Sojourn serait obligé de fermer ses portes...

— Peut-être, oui. Ce qui implique que celui ou ceux qui ont provoqué cette chute de pierres *savaient* que nous passerions par là.

Paige fronça les sourcils.

— Tu ne crois tout de même pas que Ben...

— Non, je ne le crois pas capable de déclencher une tempête ou une avalanche par sa seule volonté.

— Alors... on peut mettre ça sur le compte d'une coïncidence ?

Phoebe poussa un soupir et réfléchit un instant.

— J'en reviens à une intervention surnaturelle... celle de ce Glooscap.

— Ben a dit que les sorcières n'étaient pas les bienvenues sur son territoire : peut-être est-ce à nous deux qu'il en veut, et non aux journalistes !

Paige frissonna et lança à sa sœur un regard plein d'appréhension :

— Et si Glooscap ne savait pas qu'on est de son côté ?

CHAPITRE 6

Piper se délassait sous une bonne douche chaude. Pour oublier les incidents de la journée, elle venait de regarder avec Léo une série d'humoristes à la télé. La soirée s'annonçait plus agréable que leur départ précipité pour le P3 puis le commissariat.

Pendant que le repas mijotait doucement sur le feu, Léo était sorti louer des cassettes vidéo, et elle en profitait pour se faire une beauté.

Elle passa sa tête sous le jet d'eau pour rincer ses cheveux pleins de shampooing, quand la pression diminua jusqu'à ne laisser couler que quelques gouttes tièdes.

— Oh non ! Je rêve, ce n'est pas possible !

Elle poussa un soupir d'agacement et tendit le bras pour attraper un peignoir. Puis, les yeux fermés, elle serra les poings et se mit à crier :

— Léo !

Elle s'emmitoufla dans son peignoir et compta à voix basse :

— Cinq, quatre, trois, deux, un...

Un halo lumineux apparut dans la salle de bains. À son centre se matérialisa son mari.

— Tu en as mis un temps !

— Tu permets ? J'étais encore au magasin de vidéos ; je cherchais *Magie à Memphis*.

— Ce film n'a eu que de mauvaises critiques... grommela-t-elle.

— Oui, mais il est drôle, et c'est ce que tu voulais, non ? Un film qui te fasse rire. Cela dit, pourquoi m'as-tu appelé ?

— Regarde, je suis couverte de savon et de shampoing.

— Et alors, c'est normal quand on se lave !

— Il n'y a plus d'eau, voilà le problème ! Toi qui es bricoleur, tu peux arranger ça, non ?

— Il y a longtemps que je ne bricole plus pour les Halliwell.

— Dis donc, ce n'est pas parce que tu es un Être de Lumière et qu'on est mariés que tu dois te dispenser de réparer ce qui se dégrade dans la maison !

— Bien sûr que non... Mais je dois d'abord trouver l'origine de la panne. Tu n'as... heu... tu n'as rien fait... qui puisse... ?

— Non, je n'ai pas figé l'eau dans les tuyaux ni fait exploser le robinet ou le chauffe-eau, si ça peut te rassurer.

Elle sortit de la douche et s'assit sur un tabouret tout en tapant du pied.

— Dépêche-toi, mes cheveux se transforment en carton.

— Une seconde, je vais voir ce qui se passe. Je reviens…

Elle poussa un nouveau soupir et prit son mal en patience.

— Alors, tu as trouvé ce qui est cassé ? demanda-t-elle quand il revint quelques minutes plus tard.

— Oui !

Mais il restait planté devant elle, sans rien faire.

— Pourquoi ai-je l'impression que tu vas m'annoncer une catastrophe ?

— La bonne nouvelle, c'est que la plomberie de la maison fonctionne, la mauvaise, c'est qu'il y a une coupure d'eau dans tout le quartier… Je suis allé voir les voisins qui m'ont appris qu'il y avait des risques de fuite de gaz et que, par prudence, on a coupé toutes les canalisations. L'eau ne sera rétablie que demain matin.

— Mais je ne peux pas attendre demain pour me rincer ! Il me faut de l'eau tout de suite !

Elle lui montra ses cheveux tout poisseux :

— Qu'est-ce que je vais faire de ça ? Je ne vais pas passer la soirée dans cet état.

— Écoute, on peut aller à l'hôtel.

— Et le dîner que j'ai préparé ?

— On le met au frigo et on le mange demain soir.

Elle hocha la tête.

— Hum… pourquoi pas ? On pourrait faire monter un repas dans notre chambre… et regarder quand même les cassettes que tu as louées.

— Voilà qui est réglé ! Je suis certain qu'on va passer une bonne soirée.

— OK, je m'habille et on y va.

Phoebe enfila un sweat-shirt à capuche, prit une lampe de poche et lança à sa sœur :

— Je t'attends sur le perron, d'accord ?

— Je range mes affaires et j'arrive.

— N'oublie pas d'éteindre, surtout.

Le chalet disposait de deux lampes alimentées par une batterie individuelle. La décoration était simple et réduite au minimum. Dans la chambre, deux lits jumeaux faisaient face à un poêle en fonte, deux chaises et une petite table en bois.

Ce n'était pas le confort du manoir mais, après la rude journée qu'elles avaient passée, elles n'auraient aucun mal à s'y faire.

L'air s'était rafraîchi depuis leur arrivée au camp. Phoebe inspira profondément et scruta les environs. La nuit tombait sur la forêt. Heureusement que Carlos Martinez, le directeur du centre, était venu à leur rencontre en Jeep. Voyant le retard que prenait le groupe, il était allé avec Harley Smith jusqu'au pont détruit par la tempête et avait découvert le bus abandonné. Ben avait finalement réussi à les joindre sur le talkie-walkie et les avait guidés jusqu'à eux.

Au cours de la réunion d'information qui s'était tenue au Lodge, les hôtes avaient eu la surprise de voir que Carlos avait habilement retourné la situation en évoquant ces deux accidents comme des « épreuves à subir au sein d'une nature hostile ». Il les félicita tous de leur courage et de leur faculté d'adaptation.

Il leur apprit aussi que la tempête avait coupé toute communication radio avec le monde extérieur. Sierra Sojourn se retrouvait donc totalement isolé. Et comme le pont était impraticable, le retour serait prévu en bateau. Il y avait un bac en aval ; situé dans une anse protégée, il ne devait pas avoir souffert de la crue soudaine. Une équipe irait à pied jusqu'à Lone Pine River pour revenir chercher le reste du groupe en voiture. Il y eut quelques murmures d'inquiétude, mais les journalistes oublièrent toute crainte dès qu'ils se mirent à table.

Maude leur avait préparé un délicieux dîner composé de bœuf grillé et de pommes au four dorées à point.

En repensant à tout cela, Phoebe se demanda quelles surprises les attendaient encore durant leur séjour.

Elle s'assit sur une marche du perron, alluma sa lampe de poche et balaya les premiers arbres de la forêt, tout proches.

Elle surprit un regard fixé sur elle et se figea. Deux grands yeux jaunes luisaient dans la nuit.

— On y va ? lui demanda Paige qui venait de sortir du chalet.

— Tu vois ce que je vois ? Droit devant…

Mais déjà il n'y avait plus rien.

— Quoi ?

— Un loup… je crois. Là, juste devant. Il me fixait.

— Tu… tu en es sûre ?

— J'ai vu quelque chose, en tout cas. Ce ne pouvait être qu'un animal… Et je peux t'assurer qu'il n'était pas malade.

— C'était peut-être un chevreuil, ou un renard ?

Paige s'assit à côté de sa sœur.

— Ben a dit qu'il y avait toutes sortes d'animaux sauvages dans la forêt.

— Oui, tu as raison, admit Phoebe. Mais occupons-nous d'abord de savoir ce qui est arrivé à cette fichue radio.

— Je vais prendre une douche ! lança Gloria à son père.

Sa lampe torche à la main, elle s'éloigna sur le chemin qui menait au bâtiment principal. Après avoir rangé ses affaires comme son père le lui avait demandé, elle se mit en tête de retrouver Jeremy, qu'elle trouvait très mignon. Elle, qui avait râlé en apprenant que les chalets n'étaient pas équipés de salle de bains, eut une excuse toute prête pour retourner au Lodge et s'approcher ainsi du chalet de Jeremy.

Son séjour dans les montagnes finissait par lui plaire, malgré les conditions de vie pour le moins rustiques ! Dormir sur des matelas durs comme du béton et se chauffer au poêle n'était pas ce qu'elle préférait, mais la présence d'un joli garçon rendait ces désagréments beaucoup plus supportables.

La jeune fille chantonnait gaiement quand un bruissement, tout près, attira son attention. Elle ralentit le pas et tendit l'oreille.

Un léger craquement se fit de nouveau entendre.

— Il y a quelqu'un ? demanda-t-elle en s'arrêtant.

Oh, oh, on dirait un mauvais film d'horreur... Soudain prise de panique, elle se mit à courir.

Ses pas résonnaient dans la nuit d'encre et son cœur battait si fort qu'elle crut défaillir. Les grands sapins autour d'elle semblaient se resserrer. Elle n'arrivait même plus à distinguer les faibles lumières du Lodge et ne vit pas que sa fuite l'éloignait du sentier.

Elle continua ainsi de courir jusqu'à en perdre le souffle. C'est alors seulement qu'elle se rendit compte qu'elle s'était égarée.

Elle balaya les ténèbres avec sa lampe mais ne retrouva aucune trace du chemin, et quand elle voulut revenir sur ses pas, le spectacle qui s'offrit à elle la glaça d'effroi.

Des squelettes lumineux flottaient en se faufilant entre les arbres.

Gloria tomba à genoux et se mit à hurler.

— Je crois que j'ai oublié mon stylo, dit Howard Charles à sa femme en fouillant dans la poche de sa veste. Attends-moi là, je retourne le chercher.

— Prends ton temps, fit Tracy, qui fixait un flash à son appareil sur le bord du chemin.

Leur chalet n'était qu'à une vingtaine de mètres de là. Une fois arrivé, il chercha dans le noir son stylo sur la table. Il y eut comme un bruit d'ailes autour de sa tête. Curieux, il alluma la lampe pour voir ce que c'était.

— Mon Dieu !

La lumière déclencha l'envol d'une centaine de chauves-souris dans la petite pièce, créant un vrombissement assourdissant.

Les bras autour du visage, il se précipita à l'extérieur.

— Attention, Tracy !

— Qu'est-ce qui se passe ?

Il n'eut pas le temps de lui répondre que, déjà, les animaux en furie s'abattaient sur elle.

— Hé, lâchez-moi !

Howard courut rejoindre sa femme et tous deux se dirigèrent vers le Lodge en repoussant l'assaut des chauves-souris.

Debout devant le bureau du directeur, dans le corridor qui conduisait à l'infirmerie, Paige attendait patiemment. La photo de la brochure ne montrait pas cette extension du bâtiment qui était pourtant presque aussi vaste que la salle à manger et le salon réunis.

— Tu as fini ? demanda-t-elle à sa sœur.

— Oui, répondit Phoebe, avant de ressortir discrètement dans le couloir.

Elle ferma la porte derrière elle, poussa un soupir de soulagement et ajouta :

— Ça va, c'était facile.

— Pas besoin d'être un pro pour pénétrer dans un bureau ouvert, rétorqua Paige avec un sourire en coin. On n'a même pas eu besoin d'utiliser nos pouvoirs !

— Oui, pour ce week-end, on peut oublier qu'on est des sorcières !

— Tu m'as l'air bien sûre de toi, tout d'un coup… Alors, tu ne crois plus que Glooscap est dans le coup ?

Phoebe lui fit signe de la suivre dans les toilettes et lui déclara :

— La radio a été délibérément cassée. On n'a peut-être pas affaire à des forces surnaturelles.

— Sans vouloir te contredire, cela ne prouve rien. Les démons n'ont jamais montré de respect particulier pour les biens matériels !

— Je sais, mais il me semble que ce sabotage est plutôt l'œuvre d'humains mal intentionnés.

— Bon, tout cela ne nous en dit pas plus…

— Pas plus, non. Mais on sait qu'il faut rester sur nos gardes.

Des sanglots retentirent dans le couloir.

C'était Gloria que son père amenait à l'infirmerie.

— Madame Cirelli ! appela-t-il.

— Qu'est-ce qui s'est passé ? demanda Paige en courant à leur rencontre.

Gloria avait le visage et les bras tout écorchés et son jean était déchiré par endroits.

— Tu es tombée ?

Doris Cirelli, l'infirmière, émergea enfin de sa chambre. Après avoir passé des heures à examiner les passagers du car les uns après les autres, elle semblait exténuée, même si personne n'avait exigé de soins particuliers.

— Que vous est-il arrivé ?

— Des s… des sque… squelettes, balbutia la jeune fille, tremblante. J'ai… j'ai vu des… des squelettes… dans le bois. Ils… flottaient… comme des fantômes !

— Ce n'étaient pas des fantômes, lança Maude Billie, qui venait d'apparaître à la porte de l'infirmerie. C'étaient des mousses phosphorescentes.

— Des quoi ? s'exclama Phoebe.

— Des mousses, des lichens, des lucioles, toutes ces choses qui brillent étrangement dans la nuit.

Elle avait à peine achevé sa phrase que Howard et Tracy Charles faisaient irruption à leur tour dans le couloir.

Les cheveux en bataille, de la terre et des feuilles plein leurs vêtements, ils affichaient une mine terrifiée.

— Je ne crois pas qu'on se soit fait mordre, articula Howard d'une voix mal assurée, mais il vaudrait mieux que vous nous examiniez.

— Mordre ? Mais par quoi ? demanda Phoebe.

— Des chauves-souris ! répondit Tracy. De véritables petits monstres ! J'aurais préféré tomber dans un trou infesté de serpents plutôt que de me bagarrer avec ces créatures !

— Laissez-moi regarder, dit Doris. Où est-ce arrivé ?

— Il y avait toute une nuée de chauves-souris dans notre chalet… Elles nous ont attaqués quand j'ai allumé la lumière. Il y en avait peut-être une centaine !

Phoebe réfléchit un instant et dit avec une moue pensive :

— J'ai cru voir un loup tout à l'heure devant mon chalet… Des chauves-souris vous ont agressés… Est-ce que…

— Moi aussi, j'ai vu un loup, la nuit dernière ! la coupa Maude.

Carlos passa la tête par la porte entrebâillée.

— Quelqu'un a vu un loup ?

— Non, non... répondit Phoebe avec méfiance. J'ai cru voir des ombres dans la nuit, c'est tout.

Ne s'attendant pas à trouver autant de monde dans l'infirmerie, il les dévisagea un à un.

— On dirait que vous êtes tous malades. Je peux savoir ce qui se passe ?

C'est alors qu'ils se mirent à parler en même temps. Après avoir compris qu'il ne s'agissait ni d'empoisonnement alimentaire ni d'une épidémie subite, Carlos calma ses hôtes en leur promettant de faire la lumière sur ces événements. Puis il leur donna rendez-vous devant le grand feu de camp qui attendait les nouveaux arrivants dehors.

Je voudrais bien savoir comment il va leur expliquer tout ça, songea Paige.

Les journalistes formaient un cercle autour du feu. Seul Ben se tenait debout, à l'écart, sous un grand pin.

Phoebe tendit ses mains vers la chaleur des flammes puis se réchauffa le visage. Elle examinait l'Indien depuis un moment et s'amusait de voir que sa sœur n'était pas insensible au charme de ce beau ténébreux. S'il s'était révélé excellent guide dans la montagne, il semblait mal à l'aise depuis qu'ils avaient atteint le camp.

Mitch vint s'asseoir à côté de Phoebe.

— Je crois que j'ai loupé quelque chose à l'infirmerie ! C'est là que tout se passe, on dirait...

— Je peux en témoigner, j'y étais, plaisanta-t-elle.

Angie les foudroyait du regard. Coincée entre Howard et un journaliste chauve et bedonnant de Sacramento, elle ne pouvait entendre leur conversation.

— Ne me dites pas que vous faisiez une petite enquête de votre côté.

— Si, parfaitement, répliqua la jeune femme.

— Je vois. C'est drôle, je croyais que c'était Angie, le reporter, et vous, la photographe.

Elle lui fit signe de se taire et roula des yeux en direction de Carlos qui venait d'arriver.

Paige s'arracha à la contemplation de Ben tandis que le directeur se lançait dans le récit des épisodes étranges qui avaient marqué cette journée ainsi que la soirée de la veille, avec Maude Billie.

— Je suis certain que nous allons trouver très vite les responsables de ces incidents. Ce ne sont que des tentatives d'intimidation. N'y voyez là rien d'inquiétant.

— Comment pouvez-vous l'assurer ? riposta David.

— Certains membres d'une tribu locale, les Sinoyats, pensent que ces terres leur appartiennent et essaient d'en chasser Vista Dream.

— Leurs revendications sont-elles justifiées ? demanda Mitch.

— Vista Dream a acheté ces terres en toute légalité.

Cela ne sembla pas satisfaire le journaliste.

— Il a déjà été question d'un cas similaire lors de l'installation de Tropic Rando, en Floride. Il semblerait que les transactions immobilières de votre compagnie ne soient pas si irréprochables que ça…

— Vraiment ? s'étonna Angie.

Phoebe leva les yeux au ciel. Sa collègue n'avait donc même pas cherché à en savoir plus sur Vista Dream. En dehors du fait qu'elle était spécialiste de la remise en forme, elle aurait pu montrer un peu plus de curiosité !

Mitch, en revanche, avait préparé son dossier et avait manifestement l'intention de faire la lumière sur les soupçons qui planaient sur la compagnie.

— Mais M. DeLancey a gagné le procès qu'on lui a intenté en Floride, protesta Jeremy. Tout ça, c'est de l'histoire ancienne qui n'intéresse personne, ici.

— Bon, affaire classée, reprit Carlos non sans jeter un regard noir à Mitch. Maude vous a préparé une petite collation si vous avez encore faim. Mais je vous conseille de ne pas veiller trop longtemps, ce soir. Le petit déjeuner est à sept heures et demie précises.

Puis, sans ajouter un mot, il regagna le Lodge, suivi de ses employés.

— Il aurait quand même pu nous souhaiter bonne nuit… marmonna Paige.

Seul Harley resta près du feu pour entretenir la flamme jusqu'à ce que les derniers journalistes partent se coucher.

Ce qui ne tarda pas, d'ailleurs. Quand le groupe commença à se disperser, Angie fit un pas vers Mitch puis se ravisa et s'éloigna. Paige tourna les yeux vers le grand pin mais, déjà, Ben avait disparu. Déçue, elle se leva à son tour.

— Je vais emporter un peu de ce que nous a préparé Maude, au cas où on aurait une panne d'oreiller, demain.

— Je te retrouve au chalet, dit Phoebe en s'étirant.

— Je vais me coucher aussi. On peut faire le chemin ensemble, si vous voulez, lui proposa Mitch.

— D'accord.

Peut-être pourrait-il lui en apprendre plus sur les Sinoyats et Vista Dream.

— On ne sait jamais, vous pourriez me défendre en cas d'attaque de chauves-souris en folie ou de squelettes flottants !

Ils rirent tous deux de bon cœur.

— Ce sont des fantômes indiens, précisa cependant le jeune homme.

— Gloria aurait donc vu des fantômes ?

— Ou un reflet du clair de lune, des lucioles, ou quelque chose d'aussi banal. Dans l'obscurité et sous l'effet de la panique, l'imagination nous joue parfois des tours.

— Vista Dream ne peut être accusé de provoquer des hallucinations ! plaisanta-t-elle. Mais que s'est-il passé exactement en Floride ?

— Des Indiens séminoles ont reproché au groupe de leur acheter de force, et à des prix bien en dessous du marché, des terres qui leur appartenaient depuis des générations.

Encore des Indiens… Était-ce juste une coïncidence ?

— Comment ont-ils perdu leur procès ?

— Ils n'avaient aucune preuve officielle à opposer à DeLancey. C'est l'éternel problème des Indiens pour faire reconnaître leurs territoires en dehors des réserves ridicules que l'État leur a concédées.

— Et les Sinoyats ? Ils n'ont aucun recours légal, eux non plus ?

— Sans titre de propriété, ils n'ont aucun droit.

Les mains dans les poches, Mitch leva les yeux vers la lune.

— Ainsi, continua-t-il, rien ne peut empêcher

Vista Dream de ravager cette montagne en y construisant un complexe hôtelier.

Rien… sauf peut-être Glooscap, songea Phoebe avec un petit sourire.

Piper pouvait enfin prendre une douche digne de ce nom ! Après avoir visité tous les hôtels de la ville, ils avaient dû quitter San Francisco pour trouver une chambre ! Comme par hasard, une importante convention politique avait lieu ce week-end-là et tous les établissements affichaient complet.

Non seulement le motel qu'ils avaient fini par dénicher était à plus d'une heure de route de chez eux, mais en plus il n'avait aucun charme !

Il ne disposait pas, bien sûr, d'un service de restauration, et Léo avait dû partir à la recherche d'une épicerie ouverte.

Une serviette enroulée autour de ses cheveux, Piper se laissa tomber sur le lit et alluma la télévision… Elle fit très vite le tour des chaînes locales et se rendit compte avec effarement que le poste n'était pas câblé !

Elle était sur le point de lancer la télécommande contre le mur quand retentit la sonnerie du téléphone.

— J'ai une bonne et une mauvaise nouvelle, Léo, annonça-t-elle sans préambule. Et toi ?

— Vas-y la première, je t'écoute.

— Voilà : la télé marche, mais il n'y a que six chaînes et rien à regarder !

— Eh bien, cela fait trois quarts d'heure que je tourne sans trouver autre chose que des tacos pas très appétissants. Il est si tard que tout est déjà fermé dans ce patelin perdu.

— Bon, on fera avec... soupira-t-elle. Ça et puis une ânerie à la télé, que demander de mieux ?

— Rien, Piper. À tout de suite, j'arrive.

La jeune femme raccrocha, s'installa confortablement dans le lit et se remit en quête d'un programme pas trop mauvais. À la réflexion, il y avait pire que de manger des tacos cartonneux dans un motel minable avec l'homme de sa vie : combattre des démons qui avaient juré de l'exterminer, elle et ses sœurs.

Il était déjà un peu plus de minuit et la journée l'avait épuisée. Elle sentait ses paupières s'alourdir mais ne chercha pas à lutter contre le sommeil. Léo ne tarderait pas à venir la réveiller.

Phoebe était perdue.

Où était passé Mitch ?

Obscure et inhospitalière, la forêt bruissait autour d'elle. La lune avait disparu derrière les montagnes et la jeune femme n'avait désormais plus aucun repère pour se diriger dans la nuit.

Une branche s'accrocha à son T-shirt, elle la repoussa d'un geste nerveux. Une volute de fumée blanchâtre sembla soudain glisser entre les arbres. Phoebe continua son chemin en s'efforçant de garder son sang-froid.

Le sentiment d'être suivie ne la quittait pas, mais chaque fois qu'elle se retournait, il n'y avait personne.

Au bout de ce qui lui sembla une éternité, elle vit une silhouette masculine courir à sa rencontre. Torse nu, il portait un pantalon en peau et brandissait une lance. Un bandeau ceignait ses cheveux sombres et son visage était barré de traits blancs.

Des peintures de guerre !

Lorsqu'il arriva à sa hauteur, son regard noir la transperça.

Elle se figea. Un frisson glacé lui parcourut l'échine. Il fallait fuir, mais ses jambes refusaient de lui obéir !

Elle voulut appeler ses sœurs à l'aide, mais aucun son ne sortit de sa gorge.

Terrifiée, elle crut sa dernière heure sonnée quand le hurlement d'un loup déchira les ténèbres et… la réveilla en sursaut.

Le cœur battant et trempée de sueur, elle remonta la couverture sous son menton et demeura immobile un long instant. Ce cauchemar était l'un des plus effrayants qu'elle ait faits. Il l'avait presque autant secouée qu'une de ses visions.

La respiration calme et régulière de Paige dans le lit d'à côté la rassura.

Elle poussa un soupir de soulagement et se recala sur son oreiller. C'est alors qu'elle sentit un regard posé sur elle et se tourna lentement.

Un loup était assis au pied de son lit. Son pelage gris luisait sous les rayons de lune qui inondaient la chambre.

Contre toute attente, il ne lui inspirait aucune crainte. Ses yeux dorés la fixaient avec intensité et étonnement.

Puis, il bondit à travers la fenêtre.

Phoebe se protégea le visage contre les bris de verre, mais il n'y eut aucun éclat, aucun bruit.

L'animal avait disparu comme par enchantement.

Elle s'empara de la lampe de poche qu'elle avait laissée à portée de main et sauta du lit pour inspecter la pièce.

Pas de loup.

Pas de porte ouverte.

Pas de fenêtre brisée.

Pensive, elle regagna son lit en se demandant si elle n'était pas encore en train de cauchemarder.

CHAPITRE 7

Phoebe resta un instant sur le perron pour scruter les bois qui entouraient le chalet. Avec l'aube naissante et le pépiement des oiseaux, la forêt ne semblait pas aussi inquiétante que la veille au soir.

La nuit avait été agitée et elle avait l'impression de n'avoir pas dormi. Se rappelant l'importance des rêves dans les traditions indiennes, elle se demandait si la présence du loup dans sa chambre, qu'elle l'ait rêvée ou non, n'était pas un message de Glooscap, pour lui ordonner de quitter son territoire.

À la lumière du jour, elle se posait aussi des questions sur l'étrange coïncidence qui avait amené Vista Dream à construire des centres de vacances sur d'anciennes terres tribales.

Paige ne sut quoi lui dire quand elle lui raconta son cauchemar.

— Il me faut un baril de café pour que mon cerveau embrumé soit capable d'avancer la moindre théorie là-dessus. Allons prendre notre petit déjeuner avant que ce tyran de Carlos ne décide qu'il est trop tard !

Comme Phoebe préférait attendre un peu, sa sœur partit la première.

À présent tout à fait réveillée, elle noua son sweater autour de sa taille et prit à son tour le chemin du Lodge. Une légère brume voilait encore les arbres. Le paysage était superbe et ses craintes s'envolèrent rapidement.

Une centaine de mètres plus loin, elle constata cependant que le sentier ne menait pas au bâtiment central mais s'enfonçait dans la forêt.

C'est bizarre, je n'ai pourtant pas l'impression d'avoir bifurqué...

Elle décida alors de revenir sur ses pas mais quand elle se retourna, elle ne vit plus trace du sentier. La mousse recouvrait le sol rocailleux et des broussailles lui barraient la voie. Elle voulut les contourner mais se trouva nez à nez avec un gros rocher qui n'était pas là quelques secondes plus tôt.

Plus aucun doute maintenant : une force surnaturelle agissait dans ces bois. Mais laquelle ?

Comme la nuit passée, une bouffée d'angoisse lui serra soudain la gorge.

Quelqu'un ou quelque chose l'observait.

Elle se tourna et distingua au loin la même silhouette que dans son rêve. L'Indien s'approchait d'elle, ses cheveux noirs au vent et la lance pointée dans sa direction.

Il vint se planter juste devant elle et la dévisagea de ses yeux profonds comme un gouffre. Une puissante aura magique l'entourait.

Glooscap... songea Phoebe avec certitude.

Venait-il en ami ou en ennemi ?

Surgit alors à son côté le loup gris. Les babines retroussées, il se mit en position d'attaque.

Paige commençait à s'inquiéter. Cela faisait plus de vingt minutes qu'elle attendait sa sœur et avait eu le temps de boire deux cafés et manger trois tartines de confiture.

Carlos était installé à une table voisine et gardait les yeux fixés sur sa montre. Angie et Mitch venaient d'arriver et se servaient au buffet. Phoebe devait justement s'entretenir avec la journaliste pour prévoir un plan de travail. Cette dernière n'avait donc pas pu la croiser sur le chemin.

Paige décida alors d'aller la chercher avant que le petit déjeuner ne soit desservi. Au cas où cela prendrait plus de temps que prévu, elle prit au passage un petit pain au chocolat et remonta la fermeture Éclair de son chandail pour affronter la fraîcheur matinale.

Elle marcha à grands pas vers le chalet et ne vit pas que, derrière elle, le sentier s'effaçait à mesure qu'elle avançait... Après quelques minutes, la forêt lui sembla plus touffue, les arbres plus serrés, l'herbe moins verte et comme desséchée. Plus aucune bâtisse en vue.

— Phoebe ! cria-t-elle.

Pas de réponse.

Une puissance magique était à l'œuvre, elle le sentait.

Ne pouvant rebrousser chemin, elle continua de marcher droit devant elle, comme attirée par une force invisible.

Quel ne fut pas son soulagement quand elle reconnut la silhouette familière de sa sœur un peu plus loin ! Elle s'avança toutefois avec prudence, ce pouvait très bien être un piège.

— N'approche pas ! la prévint Phoebe qui lui tournait le dos.

Paige s'arrêta deux mètres derrière elle et découvrit, stupéfaite, un énorme loup gris, face à sa sœur.

— Il a l'air réel, murmura-t-elle.

— Glooscap aussi, lui répondit Phoebe à voix basse.

— Il est là ?

— Il est parti.

Les deux jeunes femmes n'osaient bouger de peur que l'animal ne les attaque.

— Tu es en plein dans ma ligne de mire, souffla Paige. Il faudrait que tu te déplaces un tout petit peu sur le côté pour que je puisse le téléporter.

Le loup grogna et découvrit ses crocs acérés.

— Surtout pas, reprit Phoebe sans détacher ses yeux de la créature.

— Ne t'en fais pas, je…

— Il ne va pas attaquer, coupa Phoebe.

— Qu'est-ce que tu en sais ?

— Je le sens. Et s'il devait le faire, il y a longtemps que je serais déchiquetée.

— Il n'a pourtant pas l'air très amical…

— Il y a de la douceur dans son regard. Je sais que cela peut paraître insensé, mais je crois qu'il ne nous veut pas de mal.

— Pourquoi nous retient-il prisonnières, alors ?

— Je n'en suis pas sûre, mais peut-être a-t-il besoin de nous pour aider les Sinoyats à récupérer leurs terres…

— Et si tu te trompais ?

— Avant d'utiliser nos pouvoirs contre lui ou Glooscap, attendons de nous assurer qu'ils sont maléfiques.

Paige espérait que sa sœur avait deviné juste au sujet du loup, parce qu'elle n'avait pas l'intention de rester immobile le restant de ses jours.

Elle n'eut pas longtemps à patienter : l'animal fit brusquement volte-face et s'évanouit entre les arbres.

Au même moment, le sentier réapparaissait sous leurs pieds et leur chalet se dressait à une trentaine de mètres à peine de là.

— La prochaine fois qu'on part camper, suggéra Paige, choisis une forêt où les arbres et les chemins restent en place.

— Il n'y aura pas de prochaine fois. Je déteste le camping.

Piper jeta un coup d'œil à travers les rideaux et vit Léo descendre de la voiture avec un sac en papier et deux gobelets de café.

Ils s'installèrent sur la table basse pour petit-déjeuner.

— Alors, tu m'en veux toujours de ne pas t'avoir réveillée, hier soir ?

— Bien sûr que non, Léo, mais... je suis juste déçue d'avoir gâché notre premier jour en amoureux à chercher un endroit où nous poser, pour ensuite m'endormir comme une masse.

Elle se pencha et déposa un baiser sur ses lèvres.

— Voyons le bon côté des choses : je suis en pleine forme, maintenant ! Et j'ai une faim de loup !

— Tant mieux ! Ces délicieux beignets sont encore tièdes.

— Merci, Léo. Tu es un ange...

Alors même que leur week-end prenait un tour plus romantique, la jeune femme ne cessait de penser à ses sœurs. Un étrange pressentiment la tenaillait depuis qu'elle s'était réveillée.

Pour une fois que j'arrive à me débarrasser d'elles, voilà qu'elles me manquent! Elle chassa les pensées sombres de son esprit et décida de se consacrer entièrement à son petit mari.

— Allez, Angie, c'est notre tour, la pressa Mitch.

Sous le regard vigilant de Harley, Tracy et Howard venaient de descendre en rappel le long d'un canyon et semblaient ravis de l'expérience.

— Je ne vais tout de même pas me carapater jusque là-haut juste pour redescendre pendue à une corde? protesta Angie sur un ton à la fois exaspéré et peu assuré.

— Bien sûr que si! La vue est fantastique, on domine tout Sierra Sojourn. Et il y a de superbes photos du Lodge à faire.

— Je peux prendre ta place, si tu veux, proposa alors Phoebe en les rejoignant sur l'étroit chemin qui grimpait vers le sommet.

— C'est bon, se ravisa Angie. J'y vais. Reste ici, tu nous photographieras en train de descendre.

Elle prit le bras de Mitch et l'entraîna sur le sentier escarpé. Harley les suivait à quelques pas.

Phoebe échangea avec Paige un regard amusé. Elle n'avait rien contre Angie, mis à part qu'il était impossible de travailler avec elle. Un peu plus tôt, dans la matinée, elles avaient enfin pu se mettre d'accord sur la mission précise de chacune.

Les journalistes avaient été divisés en plusieurs petits groupes et les sœurs Halliwell se retrouvaient dans celui que dirigeait Harley Smith. La cinquantaine, grincheux et sans le moindre sens de l'humour, ce dernier était aussi peu sympathique que Carlos !

Paige fut déçue d'apprendre que Ben ne ferait pas partie des excursions, devant aller vérifier l'état du bac.

— Je vais encore essayer de joindre leur ange gardien, murmura-t-elle à Phoebe. Tout le monde est occupé, personne ne fera attention à moi.

Sur ces mots, elle s'enfonça dans les bois. Il fallait, d'une façon ou d'une autre, parvenir à joindre Léo ; c'était encore leur seul moyen de communiquer avec le monde extérieur.

— Phoebe, où est votre sœur ? appela soudain Harley qui s'était retourné à mi-distance du sommet.

— Là-bas ! lui lança-t-elle en indiquant un gros rocher.

— Mais qu'est-ce qu'elle fait ?

— Vous voulez un dessin ?

Il détourna la tête, confus, et continua son chemin.

C'était la troisième fois de la journée que Paige essayait de joindre Léo, en vain.

Se plaçant au pied du parcours de rappel, Phoebe prépara son appareil pour photographier Angie et Mitch.

— Je croyais que Léo était de garde vingt-quatre heures sur vingt-quatre ! fulmina sa sœur qui venait de la rejoindre.

Elle n'avait apparemment pas réussi à contacter leur beau-frère.

— En principe, oui.

— On a oublié de régler nos appels longue distance avec notre Être de Lumière, ou quoi ?

— D'habitude, il nous entend quand il y a une urgence.

— Et là, ce n'en est pas une ?

— Selon lui, peut-être pas.

— Même si on considère le fait que Mitch ait flashé sur toi et que Cole risque d'être furieux ?

— Cole m'a promis de rester à l'écart.

Phoebe culpabilisait de laisser croire au journaliste qu'il avait ses chances avec elle, mais il en savait long sur Vista Dream et pouvait lui en apprendre beaucoup. De plus, elle regrettait de ne pouvoir repousser les avances de Mitch, ce qui lui aurait évité de subir l'animosité d'Angie...

— On dirait qu'Angie n'est pas très à l'aise, là-haut, fit remarquer Paige.

Retenue par une corde fixée autour de la taille, la jeune femme pendait au-dessus du vide comme une poupée de chiffon. À son côté, Harley la guidait, mais elle semblait pétrifiée par la peur. Ce n'est que lorsque Mitch l'encouragea qu'elle s'agrippa à la corde et entreprit de descendre. Pour un reporter « sportif », elle n'avait pas l'air dans son élément !

— Parfait ! lui lança Phoebe. Tes cheveux roux et le bleu turquoise du ciel, ça fera des photos d'enfer !

Épuisée par cette première journée en pleine nature à laquelle Harley Smith avait donné un rythme effréné, Paige se reposait après une bonne douche. Installée sur le perron, elle regardait le soleil se coucher derrière les montagnes. La plupart des journalistes prenaient l'apéritif au Lodge, mais elle préférait attendre le dîner pour les y rejoindre. Quelques instants de tranquillité ne pouvaient que lui faire du bien.

N'ayant toujours pas réussi à contacter Léo, les deux sœurs continuaient à se demander si elles devaient venir en aide aux Sinoyats ou… se protéger de leur vengeance.

Phoebe se trouvait en ce moment dans le chalet d'Angie, où, ensemble, elles passaient en revue les clichés pris dans la journée. La journaliste s'était subitement radoucie quand elle avait entendu Phoebe lancer à tue-tête combien son chéri, Cole, lui manquait.

Mitch n'avait pas accueilli la nouvelle avec autant d'enthousiasme, mais il ne laissa pas trop paraître sa déception.

Paige fut tirée de ses pensées en voyant Ben remonter le sentier vers le bâtiment principal, une boîte à outils à la main.

— Hé, Ben ! Je peux vous voir, un instant ?

— Oui, bien sûr. Il y a un problème ?

— Non, aucun.

Elle hésita, le rouge aux joues.

— Le bac est en état de fonctionner ?

— Oui, il n'a subi aucun dégât.

— Vous venez de rentrer ? Je n'ai pas vu la Jeep, au Lodge.

— Elle nous attend sur l'autre rive.

— Mais comment allons-nous descendre jusqu'à la rivière ?

— À pied ! Une tempête se prépare et je ne voudrais pas que la seule voiture qu'il nous reste soit bloquée de ce côté. La route qui mène à Lone Pine River est encore plus longue.

— Vous voulez à tout prix vous débarrasser de nous ! lança-t-elle sur le ton de la plaisanterie.

Mais elle se raidit quand, derrière l'Indien, Léo se matérialisa dans un halo luminescent.

On lance des appels depuis l'aube et voilà qu'il choisit ce *moment précis pour apparaître !*

Elle se rapprocha de Ben aussitôt et l'entraîna un peu plus loin.

— C'est dommage, moi qui commençais à m'intéresser aux histoires de loup fantôme et de mythes anciens !

Il la dévisagea avec incrédulité.

— Cela vous intéresse vraiment ?

— Heu... oui, je trouve ça fascinant.

Où était passé Léo ?

Comme elle le cherchait des yeux, Ben se retourna lui aussi.

— On pourrait prendre le café ensemble, ce soir, après le dîner, suggéra-t-elle pour faire diversion.

Il hésita.

— Peut-être, oui, mais j'ai encore un boulot fou qui m'attend.

— Oui, je comprends.

— Heu... Je dois y aller, maintenant, lança-t-il en s'éloignant. À tout à l'heure !

Elle le regarda partir le cœur serré, un peu déçue.

— Désolé, lui dit Léo qui surgit de derrière un arbre. Je croyais que tu étais seule.

— C'était tout comme...

Phoebe retournait au chalet quand elle les aperçut tous deux.

— Léo ! s'exclama-t-elle en courant vers lui. Où étais-tu ?

— On a cru que tu ne viendrais jamais ! soupira Paige.

— Vous m'avez appelé ?

— Ne restons pas là, ordonna Phoebe. N'importe qui peut nous surprendre.

Une fois à l'intérieur du chalet, à l'abri des regards, Paige lui demanda :

— Si tu ne sais pas qu'on t'a appelé, comment se fait-il que tu sois venu ?

— Piper s'inquiétait à votre sujet.

— Mais pourquoi ? s'étonna Phoebe.

— Elle avait un mauvais pressentiment, c'est tout, répondit-il en tirant le rideau de la pièce. Comme elle n'arrivait pas à se défaire de l'idée qu'il pouvait vous arriver malheur, je lui ai proposé de venir vérifier par moi-même.

— Hum… fit Paige d'un air soucieux. Tout ça ne présage rien de bon.

— Mais, vous, pourquoi m'avez-vous appelé ?

— Phoebe a fait de drôles de rêves.

— Tu as eu une vision ?

— Oui, pendant mon sommeil.

Elle lui raconta les apparitions fantomatiques de Glooscap et du loup, les ennuis de Vista Dream avec les Sinoyats, et lui fit part de l'impression qu'elle avait de devoir aider les Indiens à récupérer leurs terres.

— D'un autre côté, on dit que les sorcières ne sont pas les bienvenues ici, ajouta-t-elle. Du coup, je ne sais pas quoi penser.

— Vous ignorez en fait ce que ce Glooscap attend de vous.

— Tu as tout compris, Léo.

— On voudrait juste savoir s'il attend qu'on le soutienne ou qu'on quitte sa forêt, résuma Paige.

— Il faudrait regarder dans le *Livre des Ombres* pour voir si Glooscap est une entité démoniaque qu'on doit combattre ou un esprit du Bien. Est-ce que Piper et toi pouvez vous en charger ?

CHAPITRE 8

Assise dans le hall d'entrée du Lodge, son sac à dos et son matériel de photo à ses pieds, Phoebe attendait les autres journalistes pour entamer la longue marche vers la rivière. Paige était allée remercier Sonia et Kyle Larson ainsi que les jumelles Mueller pour leur accueil chaleureux.

— Je vais regretter votre merveilleuse cuisine, Maude, déclara Steve Casey, un chroniqueur fin gourmet. Heureusement qu'on ne reste pas plus longtemps ici, ma femme ne me reconnaîtrait plus !

— C'est vrai, vos petits plats vont nous manquer, renchérit David Stark. Soyez sûre qu'on ne vous oubliera pas dans nos articles.

Maude sourit à ces compliments, puis lança :

— Personne n'oublie son pique-nique, j'espère ! Parce que vous ne serez pas à Lone Pine River avant tard ce soir.

— Tout est là, la rassura Phoebe de loin en brandissant une boîte de carton qu'elle glissa dans son sac à dos.

Après un rapide calcul, elle en conclut qu'elle ne serait pas au lit avant l'aube prochaine. Il leur faudrait trois bonnes heures pour descendre à pied jusqu'au bac, trois autres heures en Jeep pour rejoindre Lone Pine River, plus le même temps, aller et retour, avec des véhicules supplémentaires pour récupérer le reste du groupe.

Le plus dur serait la première partie du trajet. Le ciel était couvert et il bruinait en permanence. Avec l'humidité, le froid les glaçait jusqu'aux os.

— Tout le monde est prêt ? demanda Carlos avant de sortir sur le perron. On y va.

Phoebe bondit sur ses pieds et enfila son sac à dos alors que sa sœur faisait tout pour retarder leur départ. Plus elle cherchait la compagnie de Ben plus il semblait l'éviter…

Tandis que le groupe se mettait en marche, Phoebe se glissa entre Mitch et Angie.

— Alors, tu comptes toujours descendre Sierra Sojourn, dans notre article ? demanda-t-elle à sa collègue.

— Peut-être pas, en fait. Malgré ce qu'ils m'ont fait endurer, c'est tout de même une bonne expérience. Encore faut-il maintenant que nous arrivions sains et saufs en ville.

Comme Phoebe le consultait du regard, Mitch haussa les épaules et soupira :

— Je n'ai trouvé aucune preuve qui vienne étayer les soupçons à l'encontre de Vista Dream et l'acquisition des terres indiennes.

Phoebe aurait bien voulu l'aider dans ce sens, mais elle ne possédait pas plus d'informations que lui.

Alors qu'ils échangeaient leurs points de vue sur les diverses activités que proposait le centre, Paige tira sur la sacoche de sa sœur et l'entraîna à l'arrière de la file. Elle attira son attention sur Ben : il fermait la marche et restait en contact permanent avec Carlos par talkie-walkie, mais il était également armé d'un fusil.

— Pourquoi cette arme ? lui demanda Phoebe.

— Carlos ne veut prendre aucun risque, expliqua-t-il. Si Maude et vous avez réellement vu un loup, il doit être vieux, malade ou blessé. Quoi qu'il en soit, il est dangereux et Carlos voudrait qu'on l'abatte.

— Vous n'allez quand même pas lui tirer dessus s'il ne nous attaque pas ?

— Non, bien sûr. Mais que cela reste entre nous. John Hawk ne me pardonnerait pas de tuer un loup sans raison.

— Vous avez l'air de bien vous connaître, fit remarquer Paige.

— C'est le propriétaire du magasin général, c'est ça ? s'enquit Phoebe.

— Oui, c'est aussi grâce à lui que j'ai fait des études de droit. Je le connais depuis ma plus tendre enfance. Il m'a toujours encouragé à aller à l'université.

— Pour devenir avocat ? enchaîna Phoebe.

L'Indien sourit.

— Oui. Le premier avocat sinoyat, pour autant que je sache.

— Ne me dites pas que votre emploi ici n'est qu'un moyen de vous faire de l'argent de poche ! lança Paige.

— Non, effectivement. Le shérif, et il n'est pas le seul, est persuadé que les Sinoyats sont les auteurs des actes de vandalisme à Sierra Sojourn, mais John m'a assuré que ce n'était pas le cas. Ils auront besoin d'un avocat et je ne pourrai assurer leur défense que si je suis certain de leur innocence.

— Et... quelles sont vos conclusions ? hasarda Phoebe.

Prenant une profonde inspiration, Ben hésita avant de répondre :

— Des amis dans la presse seraient les bienvenus pour prouver leur innocence face aux accusations de Vista Dream...

Il se tourna vers elle et lui adressa un regard appuyé.

— Je n'en doute pas !

— Cela fait des semaines que j'enquête, reprit Ben, et il n'y a aucune preuve de la culpabilité des Sinoyats.

Il ralentit pour laisser Phoebe et Paige se glisser entre deux rochers, puis il vint se replacer à leur hauteur avant de poursuivre :

— Cela n'empêche qu'ils sont les premiers soupçonnés à cause de leur revendication concernant des terres achetées par la compagnie de M. DeLancey.

— Mais alors, qui est responsable de tous ces sabotages, d'après vous ? demanda Paige.

— John est persuadé que l'esprit de Glooscap vient venger les siens et défendre leurs terres.

Il secoua la tête en riant, puis baissa la voix :

— J'ai une autre théorie. Je me demande si ce n'est pas tout simplement Vista Dream qui est à l'origine de ces actes de malveillance, afin de discréditer la tribu vis-à-vis de la loi.

— Quels sont les recours légaux des Sinoyats dans cette affaire ?

— C'est difficile à expliquer sans revenir sur l'histoire de la tribu.

— Oh, on a tout notre temps, fit Paige. On ne devrait pas arriver à la rivière avant deux heures et demie.

— Comme vous voudrez. Je vais essayer de vous résumer ça en quelques mots. Les problèmes ont commencé en 1880, lorsque le gouvernement fédéral a poussé les Sinoyats et les Mandots à céder la plus grande partie de leur territoire et à s'installer dans une réserve.

Après avoir aidé les deux jeunes femmes à descendre une pente raide et sableuse, il poursuivit son récit :

— Les Sinoyats ont protesté quand ils ont découvert que les terres sur lesquelles ils étaient transférés appartenaient aux Mandots. Ils ont fini par obtenir un traité leur accordant la propriété de cette montagne et des vallées alentour, mais le gouvernement a ensuite refusé d'honorer ce traité et même d'en reconnaître la valeur.

— C'est scandaleux ! s'indigna Paige.

— Oh, ce n'est pas tout. S'est ajoutée à cela la rivalité entre les deux tribus qui a fait des Sinoyats des parias. Loup Hurlant, le chef de l'époque, a fini par se rebeller et a entraîné les siens hors de la réserve mandot, pour s'installer sur les terres que le gouvernement leur avait confisquées. Les autorités les ont laissés faire quelques années, mais ont fini par les envoyer de force au Kansas.

— Au Kansas ?

— Les Sinoyats sont des montagnards, et ils ont eu beaucoup de mal à s'adapter à la vie dans les grandes prairies.

— Le shérif disait qu'il restait une trentaine de Sinoyats en ville, déclara Paige.

— La tribu s'est dispersée parmi la population mais ils sont toujours plusieurs centaines à venir à notre rassemblement annuel de tribus. Quant à John Hawk et ceux qui vivent à Lone Pine River, ils se battent pour récupérer la montagne que leur a volée Vista Dream.

— Vous dites vous-même qu'ils se battent, mais quelles sont leurs armes ? demanda Phoebe.

— La justice est leur seul espoir. Le traité signé en 1880 par la main du gouverneur peut valoir acte de propriété si l'État veut bien en reconnaître la valeur légale maintenant. Malheureusement, on n'arrive pas à retrouver ce document et il n'y a pas de copie.

— Tout n'est pas perdu, l'encouragea Phoebe en voyant sa mine renfrognée.

— Ce traité doit bien être quelque part ! s'exclama Paige.

— Oui, mais où ? L'accord a été gravé sur une ceinture de cuir brodée de coquillages, de turquoises et de perles d'os, selon une tradition algonquine, antérieure à la guerre entre Français et Indiens. Si seulement je pouvais mettre la main dessus !

— Sans cette preuve, Vista Dream gagnera par défaut, lâcha Phoebe avec dépit.

Ben se raidit brusquement et leur fit signe de se taire.

Il scrutait avec attention les bois environnants.

— J'ai l'impression d'avoir vu quelque chose bouger par là, souffla-t-il. Rejoignons les autres, il vaut mieux rester groupés.

Phoebe avait elle aussi senti la présence du loup mais elle n'en dit rien et accéléra le pas. Elle jeta cependant encore un coup d'œil par-dessus son épaule et vit avec effroi les arbres se rapprocher lentement.

Mais où diable était Léo ?

Piper ôta ses chaussures et se laissa tomber sur le divan, les bras en croix.

— On aurait dû vérifier les horaires de la bibliothèque avant d'y aller !

— Je ne suis pas certain qu'on y aurait trouvé plus d'infos que sur Internet, lui dit Léo. À moins que cette bibliothèque n'ait un rayon spécialisé dans les anciennes tribus indiennes, ce qui est peu probable.

— C'est vrai. Mais toujours est-il qu'en douze heures on n'a pas avancé d'un pouce. Phoebe et Paige doivent se demander ce qu'on fabrique.

Elle resta un long instant à fixer le plafond en poussant de profonds soupirs. Après toutes leurs recherches, ils n'avaient en effet rien trouvé de plus sur Glooscap que ce que ses sœurs leur avaient appris.

À la grande surprise de Léo, elle se leva d'un bond et courut dans l'escalier.

— Où vas-tu comme ça ?

— Si on a un démon à vaincre, mon cher petit mari, j'aimerais en finir tout de suite pour pouvoir profiter un peu de ce qui nous reste de notre pauvre week-end. Je vais consulter le *Livre des Ombres*.

— Mais on l'a déjà fait...

— Je sais, mais je suis sûre qu'on a loupé quelque chose.

Il fit la moue et se décida enfin à la suivre.

Une fois au grenier, Léo referma soigneusement la porte derrière eux et Piper se précipita vers le pupitre où reposait le vieux recueil de sortilèges et de savoirs légué par leurs ancêtres.

— Regarde, lui montra-t-elle devant une page blanche qui suivait la description de rituels indiens.

Le contenu du *Livre des Ombres* subissait en effet un changement perpétuel. Alors que, sur certaines pages, les formules semblaient permanentes, sur d'autres, elles apparaissaient ou disparaissaient, sans que les trois sœurs en comprennent bien la raison.

— Je soupçonne que les renseignements qu'on cherche sont cachés ici, poursuivit la sorcière, comme Léo lui faisait des yeux ronds.

— Tu veux dire que cette page contient des renseignements mais qu'on a jeté un voile dessus pour les garder secrets ?

— On dirait. Mais pourquoi les sorcières Halliwell auraient-elles fait ça ?

— Ce ne sont pas forcément elles, mais un démon ou un esprit maléfique, pour que ces informations ne soient pas utilisées.

— Qu'à cela ne tienne ! J'ai les pouvoirs de lever ce voile.

Elle feuilleta les vieilles pages jaunies.

— Grâce à ça !

Elle lui désigna alors un sortilège vieux de plusieurs centaines d'années et inspira à fond avant de réciter :

Que le voile soit levé,
Rendant au grand jour ce qui fut caché,
À mes yeux apparaissent
Les mots anciens et leur sagesse.

Un souffle passa sur le grimoire et en souleva les feuillets, s'arrêtant sur la fameuse page blanche... Peu à peu se dessinèrent de belles lignes, nettes et régulières, qui retraçaient l'histoire de Glooscap.

— Léo, il faut faire venir Phoebe et Paige, déclara Piper après les avoir lues.

Avec Jeremy et Gloria, les deux sœurs Halliwell faisaient partie du dernier groupe à traverser la rivière. Espérant que Léo finirait par se montrer, et malgré la certitude que le loup ne cessait de les guetter, elles avaient laissé les autres passer avant.

Ben était en train de préparer le bac pour le deuxième voyage quand l'Être de Lumière se manifesta enfin. Profitant de ce que tout le monde était occupé à embarquer, Phoebe et Paige s'éclipsèrent discrètement pour le rejoindre dans le sous-bois.

— De mauvaises nouvelles ? s'inquiéta Paige devant l'air grave qu'il affichait. C'est Glooscap qui nous prépare un de ses tours ?

— C'est difficile à dire. Piper a besoin de vous au manoir.

— Allons-y ! lança Phoebe.

Elle vint se blottir dans ses bras et ferma les yeux pour le transport. Moitié ange elle-même, sa sœur assurait toute seule son retour à la maison.

— Il faut se dépêcher et revenir avant qu'on ne remarque notre disparition, rappela-t-elle.

Son sourire s'évanouit au milieu d'une myriade d'étincelles.

— Une chose est sûre, dit Phoebe sur un ton ferme, c'est qu'il nous faut absolument retrouver ce traité.

Impatiente de retourner au plus vite au bord de la rivière, elle avait fait à Piper un rapide résumé du récit de Ben.

— Et vous, qu'avez-vous trouvé sur Glooscap ? reprit-elle en s'éloignant vers le fond du grenier.

Piper s'apprêtait à lui répondre quand un tourbillon lumineux se forma au milieu de la pièce.

C'était Cole, le visage défait, les vêtements dans un état pitoyable.

— Tu es tombé dans une embuscade ? lui demanda Piper.

— Et moi qui me plaignais d'avoir eu une journée mouvementée, ajouta Paige. Tu es le chasseur ou la proie ?

— Où est Phoebe ?

— Je suis là, lança-t-elle en sortant de l'ombre. Qu'est-ce qui t'est arrivé ?

— J'ai Q'hal aux trousses : la routine, en somme. Et toi, tout va bien ?

— Tout va bien, répondit Piper à sa place. Mais ça risque de se compliquer si on ne la ramène pas sans tarder dans la montagne.

— Je croyais que tu avais des infos sur Glooscap ! s'écria Paige.

Cole ignora leurs remarques et prit Phoebe dans ses bras.

Elle se dégagea de son étreinte et lui plaqua une main sur la bouche.

— On est vraiment pressés, je te raconterai plus tard. S'il te plaît, Léo, que devons-nous savoir sur cet esprit ?

— Glooscap est essentiellement du côté des gentils.

— Essentiellement ? répéta Paige avec une moue inquiète. Pourquoi « essentiellement » ? Il est gentil ou il ne l'est pas ?

— Il suit ses propres règles, continua Léo. Et son pouvoir est plus grand que le Pouvoir des Trois.

— Hum... Je n'aime pas ça, murmura Phoebe.

— Ce n'est pas tout. Il est aussi le gardien des mystères et des secrets indiens. Si telle est sa volonté, vous ne découvrirez jamais si le traité existe encore, ni si vous avez des chances de le trouver.

— Sans cette ceinture sacrée, les Sinoyats n'ont aucune preuve que les terres achetées par Vista Dream leur reviennent, s'énerva Paige. Pour une entité aussi puissante, cet esprit me semble bien borné.

— Il est dit que son frère loup aussi sait où est caché le traité, précisa Léo en se tournant vers Phoebe.

— Ah, c'est pour ça qu'il me suit en permanence ? J'ai bien senti qu'il ne me voulait pas de mal... Peut-être qu'en le touchant, je pourrai apprendre où se trouve ce fameux traité ?

— Surtout pas ! s'écria Paige. Tu as vu ses crocs ! Qui te dit qu'il se laissera approcher ? Sans compter que Glooscap n'est jamais très loin.

— Il suffirait que tu zappes le loup à un endroit où Piper pourra le figer.

— Ça devrait marcher, convint cette dernière en hochant la tête. Dépêchons-nous d'y aller !

Léo semblait toutefois hésiter.

— Quoi ? demanda Phoebe, agacée.

Le suspense n'était pas sa tasse de thé, surtout lorsque sa propre vie était en jeu.

— Utiliser vos pouvoirs pour soumettre ce loup comporte malgré tout quelques risques.

— C'est mieux que de lui laisser le temps de nous déchiqueter, non ? riposta Paige, les yeux au ciel.

— Si Glooscap a banni les sorcières de sa forêt, c'est parce qu'elles avaient utilisé leurs sortilèges pour voler les âmes de certains animaux et s'emparer de leurs pouvoirs et leurs perceptions.

Il déglutit avec peine et ajouta :

— Si Glooscap te soupçonne de vouloir voler l'âme du loup, il te tuera.

CHAPITRE 9

— Ça vaut la peine de tenter le coup, répliqua Phoebe sans fléchir. On n'a aucun autre moyen de découvrir comment retrouver la ceinture.

Léo poussa un profond soupir et hocha la tête en signe de capitulation.

Piper, elle, eut un sourire triste. Lors de moments forts comme celui-ci, elle comprenait pourquoi elle aimait tant Léo. Il souffrait sincèrement de voir Phoebe en danger. Mais, tout comme les trois sœurs Halliwell, il faisait passer son devoir avant ses propres sentiments. Quel qu'en soit le prix.

Prue elle-même n'avait jamais reculé devant le danger, et elle avait donné sa vie dans la lutte contre les forces du Mal. Jusqu'à présent, les *Charmed* protégeaient les hommes contre toutes sortes de démons. Aujourd'hui, les rôles s'inversaient : elles devaient venir en aide à une entité surnaturelle pour vaincre une société composée d'humains aussi avides que puissants.

Brusquement, une odeur pestilentielle envahit le grenier.

— Qu'est-ce qui peut sentir comme ça? demanda Piper en se bouchant le nez.

— Je ne sais pas, répondit Léo, mais ça sent l'œuf pourri et l'ammoniac.

— Mélangés avec du lait tourné, ajouta Phoebe.

— Il y a vraiment de quoi avoir la nausée, grimaça Paige en réprimant un haut-le-cœur.

Seul Cole ne semblait pas incommodé par l'odeur.

— C'est incroyable, je ne sens rien du tout!

Mais son visage se rembrunit aussitôt. Il poussa Phoebe dans un angle de la pièce et se mit devant elle pour la protéger.

— Qu'est-ce qui se passe? cria Piper tandis que l'odeur putride s'intensifiait.

— Je crois qu'on a une visite... répondit Cole avant de lancer une boule d'énergie sur le démon visqueux qui venait d'apparaître.

Une espèce de lézard géant à la peau verte et marbrée se dressait devant eux. Il portait une grossière tunique en fibres et arborait un rictus hideux. Esquivant avec agilité l'attaque de Cole, il lui envoya à son tour un éclair de feu.

— Qu'est-ce que c'est que ça? s'étrangla Piper en se jetant derrière le vieux fauteuil à bascule de grand-mère.

— Je vous présente Q'hal !

— Q'hal ?! répéta Phoebe d'un air surpris, tandis que Paige et Léo couraient s'abriter derrière le pupitre du *Livre des Ombres*.

— Tu aurais pu nous dire qu'il venait !

— Ou qu'il empestait ! grommela Paige de derrière sa cachette.

— Mais je ne le sens pas, moi ! protesta Cole en jetant une autre boule d'énergie qui traversa le grenier.

La créature bondit sur le côté, et lâcha un nouvel éclair mortel.

Cole se jeta au sol, mais pas assez vite pour éviter totalement la décharge électrique… qui lui roussit une mèche de cheveux avant d'aller exploser contre le mur.

— Son essence maléfique est masquée afin que les autres démons ne le détectent pas.

— Tu as au moins cette chance, fit remarquer Léo en se carapatant vers Piper. C'est une véritable infection !

— Sauf que je ne le sens pas venir et que ce n'est pas pratique ! Bon, ce n'est pas que je m'ennuie, mais je suis obligé de filer.

Il envoya un baiser du bout des doigts à Phoebe, projeta une autre boule d'énergie sur le lézard géant et disparut dans un nuage scintillant. Q'hal poussa un grognement et s'évanouit à sa suite.

— J'espère qu'on a un sortilège désinfectant, dit Paige en se redressant.

— On doit avoir ça, quelque part dans le *Livre des Ombres*, répondit Piper.

— Attendez, les filles, intervint Phoebe, on a plus urgent à faire, en ce moment : retrouver le traité des Sinoyats.

Au moment où Léo et les trois sœurs Halliwell se matérialisèrent dans le sous-bois qui bordait la rivière, Carlos et Ben sautaient du bac sur la rive. Jeremy et Gloria bavardaient non loin et se précipitèrent pour les accueillir.

Paige poussa un soupir de soulagement. À quelques minutes près, leur absence aurait été remarquée !

— Oh, c'est joli, par ici ! s'exclama Piper. Alors, où est-il, ce loup ?

Phoebe sentait sa présence bien qu'il soit invisible. C'était comme s'il avait établi un lien télépathique entre leurs deux esprits. Elle ferma les yeux et se laissa guider par son instinct. Il ne lui fallut qu'une seconde pour percevoir la conscience de l'animal. Il lui semblait l'entendre murmurer à son oreille.

Elle rouvrit les paupières et se tourna avec assurance vers la forêt.

Sous le regard médusé du petit groupe, la silhouette d'un grand loup se découpa entre les arbres. Piper se concentra et leva ses mains dans sa direction.

Le cœur battant, Phoebe priait pour que les pouvoirs de sa sœur ne blessent pas l'animal. Cette dernière avait tendance à tout faire exploser ces derniers temps, par manque de sommeil ou énervement. Il fallait espérer que ce week-end avait été reposant !

— Couchez-vous ! hurla soudain Carlos derrière eux.

Oh non… ! songea Phoebe en faisant volte-face. Impuissante, elle vit le directeur du centre courir vers eux, l'arme au poing. Le loup se raidit et se figea dans une posture d'attaque, ce qui finit de convaincre Carlos de la nécessité de tirer. Il leva alors le canon de son fusil et appuya sur la détente…

Piper intervint juste à temps pour figer à la fois l'homme et la balle en pleine course.

Le loup se tourna vers Phoebe et la vit saisir la balle suspendue dans les airs pour la glisser dans sa poche. Leurs regards se croisèrent, puis il disparut dans la forêt.

À présent, toutes les chances de retrouver le traité s'étaient évanouies.

— Bon, qu'est-ce qu'on fait, maintenant ? demanda Piper.

— On fait revenir le loup pendant que Carlos est encore figé, proposa tout naturellement Paige.

— Après ce qu'il vient de se passer ? rétorqua Phoebe d'une voix morne. Il est loin maintenant et je le comprends !

— Il va peut-être revenir, intervint Léo en s'approchant de Carlos. Mais il y a plus urgent à régler : qu'est-ce qu'on fait de ce type ?

— Tu crois qu'il nous a vus ? grimaça Piper.

— Toi et Léo ? reprit Phoebe. Difficile à dire. Il était surtout préoccupé par le loup.

— Il suffit que vous ne soyez plus là quand il reviendra à lui ! suggéra Paige. Il pensera avoir eu une hallucination... et fier comme il est, il ne voudra pas l'admettre.

— C'est vrai, reconnut Piper. Mais comment allez-vous expliquer que le loup a disparu ?

— J'ai une idée, fit Paige avec un petit sourire.

— Caaarlos ! résonna tout à coup la voix de Gloria.

— Phoebe... ? appela Jeremy. Paige... ? Où êtes-vous ? Revenez, ce n'est pas drôle.

— Oups ! lâcha Piper en attrapant Léo par la manche. Vite, Paige, mets ton idée en pratique !

Le jeune couple se précipita derrière un amas de rochers tandis que Phoebe faisait mine de photographier les différentes essences d'arbres.

De sa cachette, Piper rendit vie à Carlos au signal de Paige, qui fit apparaître au même instant un tronc épais juste devant ses pieds. Celui-ci trébucha dessus et tomba comme une masse sur le sol jonché de feuilles.

Il ne lâcha pas son fusil mais son chapeau australien alla rouler un peu plus loin. Un coup de feu partit et déchira le calme de la forêt.

Paige feignit la surprise et poussa un cri d'effroi.

— Carlos ! s'écria Phoebe en courant à sa rencontre.

Jeremy et Gloria arrivèrent en même temps qu'elle.

— Qu'est-ce que c'était que ces coups de feu ? demanda le guide.

— Le coup est parti quand Carlos est tombé, expliqua Phoebe.

— Je visais le loup quand... j'ai buté sur cette saleté de branche, marmonna-t-il en se relevant.

Il s'empressa de récupérer son chapeau, frotta son coude égratigné et scruta les environs d'un air bougon.

— Un loup !? s'étrangla Gloria.

— Quel loup ? répéta Phoebe en échangeant un regard surpris avec sa sœur. Tu as vu un loup, toi ?

— Non. Vous êtes sûr que...

— Oui, certain, répliqua Carlos. Il s'est enfui, mais il n'a pas dû aller bien loin.

Son fusil sur l'épaule, il courut examiner les traces laissées par l'animal.

— Qu'est-ce que vous faites ? lui demanda Phoebe, tout en sachant parfaitement ce qu'il avait en tête.

— Je vais le retrouver, cette question !

— Vous n'allez pas le tuer, quand même ! hurla Gloria.

— Il attaquera si on ne l'en empêche pas.

— C'est une espèce protégée, insista Paige.

Jeremy intervint et posa une main sur l'épaule du forestier.

— Ça peut attendre que ces gens soient retournés en ville, Carlos. N'est-ce pas ?

Ce dernier comprit le sous-entendu. Mieux valait en effet ne pas choquer les sentiments de la fille d'un des journalistes les plus réputés de la côte Ouest. Il aurait bien le temps de se débarrasser de cette menace après leur départ et avant l'ouverture officielle du camp.

Il hocha la tête et les pressa de regagner le bac. Sur le chemin, il prit Phoebe et sa sœur à part.

— Ne recommencez pas à filer en douce, mesdemoiselles. J'autorise Ben à vous confisquer vos chaussures si vous essayez.

— Avoir Ben à mes pieds… souffla Paige. C'est plutôt tentant !

L'Indien était en train d'amarrer le bac à un piquet planté dans le sol.

— Où sont les autres ? lui demanda Carlos qui ne voyait plus personne sur l'autre rive.

— Ils attendent près de la Jeep. Mitch et Steve veillent sur le groupe.

— Allez, on n'a plus de temps à perdre, à présent. On a encore une longue journée de route devant nous.

Il aida Gloria à monter sur le bac tandis que Jeremy se désolait de voir au loin les débris du pont et le car abandonné.

— M. DeLancey va être furieux, marmonna-t-il pour lui-même.

Prétextant une cheville tordue, Phoebe restait en retrait et profita de ce que tous soient occupés pour appeler mentalement le loup. L'animal ne tarda pas à se poster à l'orée du bois qu'ils venaient de quitter. Il fixa sur elle ses yeux dorés et la conforta dans sa résolution.

Piper et Léo venaient de se matérialiser derrière un fourré et la sorcière pétrifia Jeremy, Gloria, Carlos et Ben avant de se tourner vers la bête au pelage argenté qui les observait.

Phoebe crut alors distinguer à son côté la silhouette de Glooscap. Il se fondait si intimement dans la nature qu'elle se demanda si ce n'était pas le jeu des ombres dans les arbres.

Une certitude soudaine la fit toutefois retenir sa sœur.

— Non, Piper, ne fais rien, s'il te plaît !

— Il faudrait savoir !

— Ne le fige pas. Je crois que ce ne sera pas la peine.

— Si tu le dis… mais fais attention tout de même. Ses crocs n'ont pas l'air engageants.

Le cœur de Phoebe battait à toute allure quand l'animal s'approcha lentement d'elle. Ce n'était pas la crainte de se faire mordre qui la faisait trembler, mais celle de pénétrer l'esprit d'une bête sauvage. Elle n'avait pourtant pas le choix.

La gorge nouée, elle tendit la main vers le loup et se raidit malgré elle quand il glissa la tête sous sa paume. Puis, ce fut comme une décharge électrique. Les images défilaient devant ses yeux, montrant une ceinture à franges en cuir avec des perles colorées, des pierres et des coquillages. Des turquoises formaient la rivière qui s'échappait de la gueule ouverte d'un loup. Le cours d'eau se jetait ensuite dans un lac où nageaient des poissons gris, verts et rouges. Tout autour s'élevait une montagne au pied de laquelle se dressait, majestueux, un grand arbre dont les branches ployaient vers le sol. Au milieu de la ceinture étaient attachées des plumes d'aigle et une branche de sapin.

Puis, la vision se brouilla et la jeune femme se retrouva dans une grotte dont l'entrée était cachée par une cascade qui formait un écran sur toute sa largeur.

Elle eut à peine le temps de mémoriser les lieux que l'image s'évanouit.

Le loup venait de faire un pas en arrière, rompant la connexion magique entre eux. Il lui tourna le dos, lui jeta un dernier regard et disparut dans la forêt.

Maintenant qu'elle savait ce que Glooscap désirait qu'elle sache, il ne reviendrait plus. L'esprit de la montagne et son frère loup s'en remettaient à elle pour rendre leurs terres aux Sinoyats.

— Qu'est-ce que tu as vu ? lui demanda Piper.

— J'ai vu à quoi ressemblait le traité, mais ça ne veut pas dire qu'on mettra facilement la main dessus. Tout dépend désormais de ce que les derniers membres de la tribu eux-mêmes peuvent nous révéler sur l'endroit où il est caché.

— Tu nous en parleras plus tard, la coupa Léo en indiquant les quatre personnes toujours figées sur le bac. Vous devez y aller.

— La vie est injuste, parfois, soupira Paige tandis que sa sœur et son mari disparaissaient dans un nuage scintillant. En deux secondes, ils sont de retour à la maison alors qu'on doit attendre encore des heures avant de pouvoir arriver ne serait-ce que dans ce trou perdu de Lone Pine River.

— On a fait le plus dur, lui rappela Phoebe. Et puis, Ben sera avec nous pendant tout le trajet jusqu'à ce trou perdu, comme tu dis.

— Attention ! s'écria soudain celui-ci en reprenant vie. Heu… je croyais avoir vu un loup mais… non, je… je dois avoir des hallucinations.

— C'est peut-être quelque chose dans l'eau, souffla Paige en hissant son sac à bord.

Après un dernier signe d'adieu à la Jeep qui s'éloignait, Phoebe alla se rasseoir contre le gros rocher où elle et Paige avaient choisi de s'installer en attendant le retour de Carlos.

— Voilà, dit-elle, Mitch et Angie sont partis pour Lone Pine River. Il ne nous reste plus qu'à patienter.

— Oui, plus que quatorze heures et je me glisserai dans un bon bain chaud. Qu'est-ce que tu tiens dans la main ?

— C'est la carte professionnelle de Mitch. Il a remarqué que tu t'entendais bien avec Ben et m'a demandé de l'appeler si on découvrait des trucs louches sur Vista Dream.

— Tu crois qu'il est fiable ?

— Oui, il a déjà écrit pas mal d'articles pour dénoncer les transactions frauduleuses de grandes compagnies. Je lui ai fait un bref résumé de ce que nous a raconté Ben, mais ça ne suffit pas à prouver que Vista Dream s'est implanté sur des terres qui appartiennent de droit aux Sinoyats.

L'Indien venait justement vers les deux sœurs, brandissant une des boîtes de pique-nique que Maude avait distribuées.

— Je vous dérange ?

— Pas du tout, s'empressa de répondre Paige.

— C'est vrai qu'il est déjà l'heure du déjeuner ! s'écria Phoebe qui ne s'était pas rendu compte qu'elle mourait de faim.

Elle ouvrit sa boîte.

— Waouh ! Tout ça ! Il y a de quoi nourrir un régiment.

— Maude est toujours très prévoyante, en plus d'être un véritable cordon-bleu.

— Dites-moi, Ben, fit Phoebe à brûle-pourpoint, vous connaissez bien cette montagne ?

— Relativement, oui. Pourquoi ?

— Je me demandais s'il y avait des grottes, dans le coin. Des grottes masquées par des chutes d'eau...

— Je n'en ai jamais vu, par ici. Mais John Hawk doit savoir ça. On pourra le lui demander, quand on arrivera en ville.

— On n'y sera pas avant la nuit tombée. Il sera peut-être couché d'ici là.

— Avec trois chargements de journalistes qui auront atterri dans son café, ça m'étonnerait. Il ne fait pas beaucoup d'affaires, il ne va pas manquer l'occasion de rester ouvert tard.

— Super ! (Elle mordit à pleines dents dans son sandwich au poulet.) Vous savez, la ceinture dont vous nous avez parlé ? Ne serait-elle pas tout simplement dissimulée quelque part dans la montagne ?

— Il est possible qu'elle ait été mise en sécurité avant la migration forcée vers le Kansas... mais les anciens disent qu'elle a été perdue, pas cachée.

— M. Hawk devrait pouvoir nous renseigner là-dessus aussi, intervint Paige en s'approchant de Ben.

— Certainement. Pourtant, je ne crois pas que fouiller les environs dans l'espoir de retrouver le traité soit la meilleure solution.

— Que comptez-vous faire, alors ?

Ben les dévisagea l'une après l'autre, puis confia :

— C'est peut-être sans espoir, mais j'ai rendez-vous avec DeLancey mardi matin. Il pense que je viens discuter avec lui d'un éventuel emploi à Vista Dream une fois que je serai avocat.

— Ce n'est bien sûr pas du tout de cela dont vous voulez l'entretenir…

— Non, bien sûr.

Il prit une pomme, la lança en l'air et la rattrapa avant de la frotter contre sa manche.

— Je vais lui annoncer que je représenterai les Sinoyats devant la justice et que je ferai tout pour qu'il termine derrière les barreaux.

— En quoi cette provocation aidera vos clients ? objecta Phoebe. Sans le traité, vous ne pouvez prouver qu'il a usurpé les terres de vos ancêtres.

— C'est vrai, mais je peux obtenir une injonction destinée à stopper la construction d'un complexe hôtelier.

— Cela ne servira qu'à retarder le déclenchement des travaux, vous le savez bien.

— Bien sûr. Je compte sur cela justement. Si Vista Dream doit retarder l'ouverture du camp et l'exploitation de la montagne, la compagnie risque de perdre bon nombre de ses partenaires financiers. Je ne pourrai pas arrêter DeLancey indéfiniment, assez longtemps néanmoins pour lui faire perdre beaucoup d'argent. À lui de voir si cela vaut la peine.

— J'avoue que votre tactique est ingénieuse, mais le tribunal ne rendra pas pour autant les terres aux Sinoyats. Même si vous parvenez à chasser DeLancey, d'autres investisseurs peuvent prendre la relève.

Les épaules affaissées, Ben reconnut que la jeune femme avait raison. Sans la ceinture, les Indiens ne pouvaient espérer récupérer leurs biens.

— Vous êtes sûr qu'on ne le dérangera pas ? insista Phoebe en arrivant sur le parking où elles avaient laissé leur voiture.

Il était dix heures passées, et le magasin général était fermé.

— Il y a de la lumière, dans la petite maison, derrière, fit remarquer Paige.

— Ne vous en faites pas, les rassura Ben. Quand il s'agit de la montagne des Sinoyats, John ne refuse son hospitalité à personne.

Le vieil Indien passa la tête dans l'entrebâillement de sa porte avant même que Ben ait eu le temps de frapper. Et, sous le regard médusé des deux sœurs, il s'écarta pour les laisser entrer.

— Bonsoir, Ben. Venez, vous autres. J'espère que vous aimez le thé nature, parce que c'est tout ce que j'ai. L'eau est en train de chauffer.

Dans la minuscule cuisine décorée avec des objets d'artisanat indien, John Hawk les invita à s'asseoir autour d'une table branlante mais d'une propreté impeccable. Phoebe ne manqua pas de remarquer, sur le buffet, une pile de revues, dont le *National Weekly*, le magazine pour lequel travaillait Mitch.

Pendant que Hawk faisait le service, Ben le mit au courant des derniers événements survenus à Sierra Sojourn.

— Un week-end étrange, c'est le moins qu'on puisse dire, conclut-il.

Une lueur malicieuse dans le regard, il se tourna vers les deux sœurs et leur dit sur le ton de la confidence :

— Je n'arrête pas de répéter à Ben que Glooscap est en colère, mais il ne m'écoute pas.

Le jeune homme fit mine de n'avoir rien entendu et changea de sujet :

— En fait, Phoebe voulait te rencontrer pour te demander s'il y a des grottes dans la montagne.

Le vieil homme hocha la tête.

— Toutes les grottes ou une en particulier ?

— Une très grande grotte, avec une cascade qui en cacherait l'entrée.

— Aucune grotte, dans la région, n'est plus grande que la tanière d'un animal, répondit John sans hésiter.

Déçue mais décidée à ne pas lâcher prise, Phoebe insista :

— Est-ce qu'une de vos légendes ne parle pas d'une chute d'eau suspendue ?

— Non, mais ce que vous me dites est intéressant. Je sens quelque chose de très particulier en vous, jeune demoiselle.

— Disons... qu'elle a une imagination débordante ! intervint Paige pour faire diversion. C'est assez ennuyeux, surtout quand les gens ont des problèmes qui exigent une solution bien terre à terre.

Il la dévisagea à son tour avec intensité.

Mal à l'aise, la jeune fille se mit à bredouiller :

— Nous savons, par exemple, que votre tribu a perdu un traité prouvant que les terres achetées par Vista Dream appartiennent en fait aux Sinoyats...

Il eut l'air encore plus étonné.

Phoebe décida d'entrer dans le vif du sujet :

— Savez-vous à quoi ressemble ce traité, monsieur Hawk ?

— Oui. Je ne l'ai jamais vu, mais nos légendes en font une description très précise.

Ce qu'il rapporta correspondait point par point à la vision de Phoebe.

— Les motifs que forment les pierres représentent les limites de notre territoire. Cette ceinture n'est rien d'autre qu'une carte et a autant de valeur qu'un document officiel.

— Dommage qu'elle ait été perdue, fit Paige.

— Elle n'est pas perdue.

— Cachée, alors ? suggéra Phoebe.

Ben fronça les sourcils.

— Toute ma vie j'ai entendu cette histoire, John, déclara Ben. La traduction est bien précise : la ceinture a été perdue.

— Dans la langue sinoyat, expliqua le vieil Indien, un seul vocable définit les termes *perdu* et *volé*.

CHAPITRE 10

Paige entra dans la cuisine comme un zombie.

— Bien dormi ? s'enquit Phoebe. Le café est prêt.

— Oh, merci. Comme une marmotte... mais trois heures seulement.

— Ah, si vous n'aviez pas passé la nuit à raconter vos histoires à Léo... fit remarquer Piper sur un ton professoral.

— Vous vouliez savoir ce qu'on avait découvert, non ?

— Pas à trois heures du matin, Paige. Je suis d'accord pour venir en aide aux Sinoyats, pas pour me faire réveiller à des heures indues !

— Mais c'était urgent !

— De toute façon, on ne sait même pas comment agir.

— Moi, je sais, objecta Phoebe. Le traité est là-bas, quelque part dans la montagne.

Piper réprima avec effort un geste d'agacement. Ce n'était pas la faute de ses sœurs si Léo, son cher Être de Lumière, avait été appelé de toute urgence pour une mission à l'autre bout du cosmos.

— Comment peux-tu en être si sûre ? demanda Paige en sortant un bol du placard.

— Parce que le loup ne m'aurait pas montré à quoi il ressemblait pour rien.

— Reste à trouver la grotte, insista Piper. Tu as une idée de la façon de procéder ?

— Je vais faire des recherches sur Internet. On ne sait jamais, peut-être que j'arriverai à glaner des renseignements ici et là. Quel est votre programme, à toutes les deux ?

— Je dois passer au P3 pour vérifier les comptes puis aller faire un tour au supermarché.

— Moi, je dois aller au bureau, mais je m'arrangerai pour m'éclipser avant l'heure.

— Au fait, qui a volé la ceinture ? voulut savoir Piper.

Phoebe haussa les épaules et esquissa une grimace ennuyée.

— On ne sait pas. Ce qui nous fait un deuxième problème à régler.

Les yeux douloureux à force de regarder l'écran de son ordinateur, Phoebe s'appuya au dossier de son siège et poussa un soupir de lassitude. Après le retour de Piper, elle s'était installée avec son portable au salon pour la laisser cuisiner en toute tranquillité.

Malgré la fatigue de ce week-end et le manque de sommeil, elle n'avait pas cédé à l'envie de faire une petite sieste.

— C'est moi ! résonna soudain la voix de Paige dans l'entrée. Hum, qu'est-ce que tu nous fais de bon, Piper ?

— Des tagliatelles à l'ail et aux herbes.

— Waouh, ça va être délicieux ! J'ai une faim de loup. Cowan a été odieux aujourd'hui. Ça m'a donné une excellente raison de le planter là et partir plus tôt. Ouf, rude journée…

— Si ça peut te consoler, intervint Phoebe en rejoignant ses sœurs à la cuisine, la mienne fut tout aussi éprouvante.

— Tu n'as rien trouvé ?

— Si, mais je ne sais pas si on est plus avancées pour autant ! Il y a plusieurs sites qui traitent de l'artisanat indien. L'un d'eux reproduisait le bulletin mensuel d'une tribu, dans lequel figure une rubrique appelée « Les trésors du grenier ».

— Le traité sinoyat se trouverait dans le grenier de quelqu'un ? s'étonna Piper qui lui fit goûter sa sauce.

— Si étonnant que cela puisse paraître : oui. L'un des descendants du colonel Matthew Clarke, celui qui était chargé d'escorter les Sinoyats jusqu'au Kansas en 1887, a retrouvé dans son grenier une malle pleine d'objets indiens. Quand le chef indien Loup Hurlant a menacé de marcher sur Washington pour forcer le gouvernement à honorer son traité, le colonel a tout simplement confisqué la ceinture ainsi que plusieurs autres objets traditionnels sinoyats. Personne ne sut où il les avait gardés jusqu'au jour où le hasard a amené son arrière-arrière-petit-fils à fouiller au fond du grenier.

— Et qu'en a-t-il fait ?

— Il a vendu le tout aux enchères, il y a de cela trente ans.

— Et la ceinture ?

— Vendue, elle aussi. Mais l'acheteur a eu la bonne idée d'en faire don à un musée de Kansas City.

— C'est trop simple, observa Piper. Les Sinoyats n'ont qu'à emprunter le traité au musée pour appuyer leurs revendications.

— Sauf que la ceinture ne se trouve plus au musée, reprit Phoebe. Elle a été volée, en même temps que d'autres objets plus anodins, il y a moins d'un an. Comme par hasard, cela coïncide avec l'arrivée de Vista Dream sur les terres indiennes.

— C'est plus que louche... murmura Piper.

— Et ce n'est pas tout ! Trois semaines avant le vol, la photo de la ceinture a été exhibée dans un catalogue que le musée a envoyé à ses principaux bienfaiteurs – dont William DeLancey, directeur général de Vista Dream.

— Vous pensez ce que je pense, les filles ? lança Piper.

— C'est clair, répondit Phoebe. Ce DeLancey a volé la ceinture pour que personne ne puisse faire le rapprochement entre elle et les revendications des Sinoyats.

— Et comme il n'y avait aucune raison de lui imputer ce vol, ajouta Piper, il n'a jamais été soupçonné de quoi que ce soit.

— Dans ce cas, reprit Paige sur un ton inquiet, il y a toutes les chances pour qu'il ait détruit ce traité.

— DeLancey est un homme d'affaires sans scrupules, mais il est aussi un grand amateur d'art. Les nombreux dons qu'il a faits aux musées nationaux en témoignent. Je suis presque sûre qu'il n'a pas pu se résoudre à détruire un objet d'une telle valeur.

— Tu crois qu'il l'aurait cachée lui-même dans la grotte ? demanda Paige.

— C'est possible. L'idéal serait que je puisse approcher DeLancey d'assez près pour déclencher une vision et voir un peu ce qui se passe dans son...

L'apparition soudaine de Cole l'empêcha d'achever sa phrase.

Le souffle court, il était dans un pire état que la veille.

— On te pourchasse encore ? demanda Piper en reniflant pour voir si Q'hal n'allait pas surgir à son tour.

— J'ai réussi à semer cet abruti de lézard, mais il ne va pas tarder à retrouver ma trace. D'autant qu'il sait maintenant où est mon point de chute !

Cole s'affala sur une chaise et attira Phoebe contre lui.

— Vous ne connaîtriez pas un moyen de l'éliminer ?

— Tu m'avais dit que tu saurais t'en débarrasser tout seul.

— J'ai présumé de mes forces, souffla-t-il.

— Je suis sûre qu'on peut trouver quelque chose dans le *Livre des Ombres*.

— Je suggère une dose mortelle de déodorant, lança Paige. Je me demande comment sa propre odeur ne l'a pas déjà terrassé.

Piper posa un couvercle sur sa sauce qui mijotait et huma l'air en esquissant une moue de dégoût.

Une odeur fétide de viande pourrie venait en effet se mêler aux effluves d'ail et de crème.

— Pouah ! s'écria Paige. Ça empeste !

Bondissant brusquement de sa chaise, Cole se protégea le visage de ses bras, à l'instant précis où Q'hal se matérialisait près de la cuisinière.

— Oh, non ! s'exclama Piper en se bouchant le nez. Tu ne vas pas gâcher mon repas !

Le monstre visqueux la dévisagea sans comprendre. Sans réfléchir, elle attrapa la première chose à sa portée : un pot d'ail déshydraté, et le jeta à la figure de l'intrus.

Il tituba, puis se mit à tousser et cracher avant de disparaître dans un nuage incandescent.

— Qu'est-ce que tu lui as fait ? s'étonna Cole, ébahi par la déroute de Q'hal.

— Je l'ai juste aspergé d'ail…

— Comment savais-tu que cela allait le faire fuir ? demanda Phoebe, tout aussi perplexe.

— Je n'en savais rien. C'était un réflexe. Je lui ai lancé la première chose qui m'est tombée sous la main.

Elle haussa les épaules et chercha dans le placard sous l'évier une bombe désodorisante.

— Bon, cela nous laisse au moins le temps de trouver un moyen de l'anéantir pour de bon, reprit Cole. Il a juré de me tuer et il est du genre têtu ! Il reviendra.

— Garde ça avec toi ou tu ne remets plus les pieds dans la maison, lui intima Piper en lui tendant le flacon d'ail.

Un scintillement de lumière bleue apparut tout à coup à l'entrée de la cuisine. Le sourire de Léo se figea en une grimace.

— C'est ton plat, Piper, qui sent comme ça ?

— Non, le détrompa Paige, c'est… *Diabolic*, un parfum enchanteur. C'est nouveau, ça vient de sortir.

— Léo ! s'écria Piper en se jetant dans ses bras. Comme je suis contente ! Ta mission aura été rapide, finalement.

— Non, je fais juste une petite pause.

La jeune femme se renfrogna aussitôt.

— Tu vas rester un peu, quand même ?

— Juste le temps de délivrer un message à mes trois sorcières préférées.

— Vas-y, on t'écoute.

— J'ai du nouveau sur l'affaire Vista Dream contre les Sinoyats. Il semblerait qu'un démon soit à l'origine du vol de la ceinture sacrée.

— William DeLancey serait-il finalement un démon ? demanda Paige.

— Pas vraiment... En fait, il s'agit d'un « sous-démon » qui se serait emparé du corps de William DeLancey.

— Tu veux dire que le directeur général de Vista Dream serait possédé ?! s'écria Phoebe.

— Cette entité maléfique fut combattue autrefois par Glooscap qui l'a banni de son territoire.

— Comment s'appelle-t-elle ?

— Pour l'instant, elle n'a pas encore de nom, ni d'identité permanente. Il lui faut un réceptacle humain bien disposé et consentant pour se développer et devenir autonome. Une fois sa personnalité affirmée, elle se débarrassera de son enveloppe charnelle et deviendra une puissance redoutable.

— Mais pourquoi choisir DeLancey ?

— Parce que ce dernier s'est fait acquéreur des terres des Sinoyats. Or, ce « démon » doit accomplir un rituel élaboré sur une terre tribale sacrée afin de parvenir à son but.

— Si Glooscap l'a vaincu une fois, pourquoi ne peut-il pas le faire de nouveau aujourd'hui ? rétorqua Paige.

— C'est vrai ! Il est sensé être plus puissant que le Pouvoir des Trois, pourquoi a-t-il besoin de nous ? renchérit Piper.

— Parce que Glooscap reste caché au fond de son territoire, pour défendre le dernier bout de terre sacrée, expliqua Léo.

— Nous voilà donc lancées sur les traces d'un « sous-démon » qui n'a même pas de nom ? récapitula Paige.

— Tu as tout compris, répondit-il en se levant pour embrasser Piper.

— Attends, avant de partir… le retint cette dernière. Ce ne serait pas ce démon qui aurait voilé la page relative à Glooscap, dans le *Livre des Ombres* ?

— Non, mais avec le contrôle qu'il exerce sur DeLancey, il a pu facilement trouver quelqu'un pour effectuer ce petit tour de magie. Allez, à plus tard, ma chérie.

Avant qu'elle n'ait pu objecter quoi que ce soit, Léo disparut dans un halo lumineux.

— Oh mon dieu! s'écria soudain Paige. Ben a rendez-vous demain matin avec DeLancey, au siège de Vista Dream. Je crois que je vais me faire porter malade.

— Quelle idée as-tu derrière la tête? lui demanda Piper.

— Je vais le protéger de ce démon-qui-n'a-pas-de-nom.

— Et je peux savoir comment? insista sa sœur en croisant les bras. C'est une non-entité. On ne peut rien utiliser de spécifique contre lui, même pas une potion magique ou un sortilège.

— J'aimerais bien pouvoir vous aider, déclara Cole devant leur mine sombre.

Phoebe le remercia d'un sourire. C'est alors qu'elle remarqua le flacon d'ail déshydraté qu'il tenait toujours à la main. Cette épice ne tuerait pas le démon qui habitait le corps de William DeLancey, mais cela lui donna malgré tout une idée lumineuse.

— Je crois savoir comment tu peux nous aider, Cole.

CHAPITRE 11

Paige s'arrêta un instant tandis que ses sœurs pénétraient dans l'enceinte de la société Vista Dream. Situé dans un complexe fastueux et entouré de jardins luxuriants, le bâtiment reflétait les goûts clinquants de William DeLancey.

Dans le grand hall d'entrée trônaient d'innombrables œuvres d'art et, au beau milieu, une étonnante fontaine en bronze. L'eau jaillissait à plusieurs mètres de hauteur.

— Si tu étais un loup, demanda Paige qui venait de rejoindre ses sœurs, comment appellerais-tu ça ?

— Une chute d'eau… devant une grotte. Mais ne nous lançons pas dans des conclusions hâtives, dit Phoebe.

Piper et elle avaient opté pour un ensemble simple et chic : un tailleur bleu marine pour l'une, anthracite pour l'autre, auquel elles avaient assorti un chemisier de soie et des escarpins qui claquaient sur le sol de marbre gris. Ainsi vêtues, elles pouvaient passer pour des employées de Vista Dream.

Paige, quant à elle, s'était choisi une tenue nettement moins conventionnelle : un sweater moulant rouge tulipe, une courte jupe en cuir noir et des talons aiguilles. Elle voulait montrer à Ben que sa garde-robe ne se réduisait pas à une paire de jeans, des baskets et des gros pulls en polaire !

— Alors, c'est lui, le grand méchant ? interrogea Piper en se plantant devant une gigantesque peinture à l'huile.

Le portrait du directeur général de Vista Dream montrait un homme d'environ quarante-cinq ans, dont les cheveux poivre et sel entouraient un beau visage à la puissante mâchoire et au regard bleu acier. Il émanait de sa personne quelque chose de dur et de froid qui lui donna la chaire de poule.

Phoebe s'approcha à son tour de la toile et l'effleura de la main. Les yeux fermés, elle laissa son esprit ouvert aux visions et fut aussitôt secouée par les images qui s'imposaient à elle. Lorsqu'elle revint à la réalité, son cœur battait si vite qu'elle dut s'appuyer au bras de son aînée un instant.

— Le traité est ici même, souffla-t-elle. Il l'a déposé dans une chambre forte, pleine d'objets d'art.

— Des objets volés ? demanda Paige.

— Je ne sais pas. Tu as la photo que j'ai imprimée ?

— Oui, répondit la jeune femme en tirant de son sac la photo roulée de la précieuse ceinture indienne.

— Voilà Ben, dit Phoebe, en apercevant le jeune homme qui attendait devant la rangée d'ascenseurs.

Toutes trois le regardèrent disparaître derrière les battants métalliques.

Paige avait failli ne pas le reconnaître dans son costume strict et ses mocassins lustrés. Il portait une mallette en cuir dans une main et gardait l'autre dans la poche de son pantalon. Le pisteur indien avait laissé place à un élégant avocat, aussi à l'aise dans cet endroit chic qu'au cœur de la forêt.

— On y va, ordonna alors Phoebe avant d'entrer à son tour dans le premier ascenseur libre.

Le bureau de M. DeLancey se trouvait au cinquième étage et elles y parvinrent au moment où Ben passait la porte au bout du long corridor.

— Tu as le magnéto ? murmura Paige.

— Oui, confirma Phoebe en glissant la main dans la poche de sa veste. Je viens de le mettre en marche.

— Je suis prête, annonça Piper d'un ton malicieux. Ça fait longtemps qu'on n'a pas donné dans les démons…

Accélérant le pas, elles arrivèrent devant le bureau du directeur général à l'instant précis où la réceptionniste ouvrait à Ben la porte du sanctuaire.

— Attendez ! lança Phoebe. Désolées, on est en retard.

— La circulation ! justifia Piper d'une moue ennuyée.

— Ces personnes vous accompagnent, monsieur Waters ?

— Bien sûr, répondit Paige avec un sourire appuyé à l'intention du jeune avocat.

— Oui… ces demoiselles sont avec moi.

— Dans ce cas, veuillez entrer, je vous prie…

Dès que la secrétaire eut tourné le dos, il lui demanda tout bas :

— Qu'est-ce que vous faites ici, Paige ?

Puis, indiquant Piper, il ajouta :

— Et… qui est-ce ?

— Piper Halliwell, se présenta celle-ci en lui tendant la main. On fera connaissance plus tard. Allons-y !

Ils pénétrèrent donc tous les quatre dans l'antre du directeur général de Vista Dream.

William DeLancey était assis derrière un immense bureau en bois noir. Lorsqu'il se leva, son ordinateur disparut automatiquement dans un compartiment encastré. Sur la grande table ne restaient qu'un encrier en cristal et une plume d'oie.

— Je suis surpris que vous ayez besoin d'une équipe de secrétaires pour un entretien d'embauche, monsieur Waters.

Les trois sœurs frémirent mais ne bronchèrent pas lorsque Ben s'avança vers lui d'un pas tranquille. D'un léger coup de coude, Phoebe indiqua à

Paige la porte de ce qui ressemblait à une chambre forte, la première chose qu'elle avait remarquée en entrant dans la pièce.

Juste devant, se trouvait une table basse où trônait un bouquet de fleurs. D'immenses baies vitrées ouvraient sur les jardins de la société. Livres reliés et objets d'art primitif agrémentaient des étagères en acajou sur tout un pan de mur.

— Je ne viens pas vous demander un poste, monsieur. Je suis ici en tant que représentant des Sinoyats, pour vous informer que la tribu va entamer des procédures légales afin de prouver qu'elle est légitimement propriétaire d'une terre que vous appelez Sierra Sojourn.

DeLancey éclata de rire.

— Inutile de vous fatiguer, mon ami. Je suis au courant de cette histoire de traité perdu, mais ce ne sont que des rumeurs… sans aucun fondement, bien entendu. Les Sinoyats ont inventé cette fable de toutes pièces ! Soyez intelligent, oubliez cette aberration et acceptez de vous joindre à mon équipe. C'est la seule façon pour vous de gagner.

— Tout dépend de l'issue de la partie, monsieur.

Les sœurs Halliwell étaient restées un peu en retrait. Paige se pencha vers Phoebe et lui souffla à l'oreille :

— On y va ?

— Attends encore un peu.

Comme Ben ne semblait pas vouloir céder, DeLancey changea de tactique. Son ton se durcit et se chargea de mépris.

— Vous n'avez pas les moyens de me menacer, monsieur Waters. Ce procès est perdu d'avance et vous le savez. Changez de camp avant qu'il ne soit trop tard.

Sur le signal de sa sœur, Paige se tourna vers la chambre forte et ferma les yeux. Visualisant la ceinture indienne qui se trouvait à l'intérieur, elle fit appel à ses pouvoirs pour la faire apparaître dans ses mains.

— Vous pouvez oublier l'idée de construire un complexe hôtelier sur cette montagne, tonna Ben, parce que vous ne ressortirez pas libre de ce tribunal, croyez-moi.

Mais DeLancey n'écoutait plus. Son regard d'acier était fixé sur la jeune femme derrière l'avocat.

— Comment ! D'où tenez-vous cela ?

Après une seconde d'incompréhension, Ben se rendit compte qu'il ne s'adressait pas à lui.

— Que se passe-t-il…

Piper le figea avant qu'il n'ait eu le temps de se retourner.

— C'est bien le traité sinoyat qui a été dérobé dans un musée de Kansas City, l'année dernière, non ? fit Paige en brandissant la ceinture au nez de DeLancey.

Elle espérait ainsi provoquer le démon qui habitait son corps.

— Évidemment ! Que voulez-vous que ce soit ? Comment avez-vous fait pour vous en emparer ? Il était enfermé dans mon coffre-fort. Petite voleuse !

— Moi ? Avouez que c'est *vous* qui l'avez volé.

— Qu'importe ! De toute façon, ni vous ni vos amies ne vivrez assez longtemps pour en parler à qui que ce soit !

— Ça suffit ? demanda Piper à Phoebe.

Une masse gélatineuse verdâtre commençait en effet à suinter du corps de l'homme d'affaires.

— Je crois que oui. C'est suffisant pour le faire tomber devant les tribunaux, mais reste encore le démon… Berk !

La créature sans nom prenait forme peu à peu.

— Vite ! s'écria Paige en serrant contre elle la ceinture.

Piper leva les mains à hauteur de poitrine et figea DeLancey.

C'est alors que la porte du bureau s'ouvrit et une voix féminine demanda :

— Tout va bien, mon… ?

Piper fit volte-face et pétrifia aussitôt la réceptionniste.

Phoebe stoppa le minimagnétophone qui tournait dans sa poche et appela :

— Cole !

Ce dernier apparut dans une explosion d'étincelles, entre Ben et DeLancey. Il toisa le démon qui n'en finissait pas de quitter le corps de son hôte.

— Aussi en forme qu'une boule de pâte à pizza, railla-t-il.

Vexée de se voir ainsi traiter, la créature prit l'aspect d'une énorme amibe qui laissa entendre un grondement sourd.

Sans attendre, Phoebe sortit une fiole de sa poche. C'est alors que Q'hal fit irruption. L'odeur pestilentielle qui l'accompagnait fit vaciller Paige.

Apercevant Cole, le démon attaqua sans hésitation. Il leva une patte et un éclair bleu électrique en jaillit.

Cole plongea au sol à la dernière seconde et le coup atteignit l'amibe géante de plein fouet. Il y eut un grésillement puis, soudain, plus rien.

À la place de la masse gélatineuse se trouvait un minuscule tas de poudre noire.

Furieux d'avoir raté sa proie, Q'hal se préparait à lancer une nouvelle attaque contre Cole.

— Phoebe ?

— Me voilà !

Elle fit sauter le bouchon du flacon et héla le monstre, pendant que ses sœurs venaient se placer à ses côtés :

— Hé, toi, créature putride, écoute-nous !

Q'hal se retourna d'un bond. De la bave coulait entre ses crocs acérés.

Les trois sorcières se mirent alors à psalmodier :

— *Démon du Mal, qui rôde…*

Flairant le danger, il leur envoya une décharge électrique, mais Cole la dévia avec une de ses boules d'énergie.

— *… fléau mortel, répugnant et pestilentiel… qu'à jamais soit effacée du monde ta puanteur grotesque.*

Sur ces mots, Phoebe aspergea Q'hal du contenu de son flacon.

Le liquide brûla la peau visqueuse du gros lézard qui se tordit de douleur. Un épais nuage noir répandait une odeur encore plus forte que celle du monstre…

Un mouchoir sur le nez, Paige crut défaillir. Ses yeux la piquaient et sa vue se brouillait. Cole courut vers Phoebe qui avait l'air au plus mal, tandis que Piper s'écartait de l'agonisant.

Q'hal poussa un hurlement qui résonna dans tout l'étage, puis disparut dans un dernier spasme.

Étonnamment, l'air redevint respirable dès qu'il fut parti.

— Ouf, on dirait que c'est fini ! souffla Piper en passant une main dans ses cheveux ébouriffés.

— Pas tout à fait, rectifia Phoebe.

Le plus dur était derrière elles. Mais il leur restait encore deux ou trois petits détails à régler.

Paige remit la ceinture à sa place dans la chambre forte par la seule force de sa pensée et vint se planter devant Ben, toujours figé.

— Il vaut mieux que tu disparaisses, conseilla Phoebe à Cole. Je rentre le plus vite possible au manoir, ne t'inquiète pas.

— Je t'y attendrai, lui promit-il avant de se dématérialiser.

— Maintenant, lança Piper, chacune reprend sa place. Oui, toi aussi Paige !

D'une simple pichenette, elle ranima les deux hommes et la réceptionniste.

— ... sieur DeLancey ? finit de dire celle-ci sur un ton inquiet.

— Heu... oui, Liza, tout va bien. Laissez-nous, je vous prie.

Encore un peu abasourdi, il sentait qu'il s'était passé quelque chose mais était incapable de se le rappeler.

Piper attendit que la jeune femme ait refermé la porte derrière elle pour prendre la parole :

— Bon, je crois que nous nous sommes tout dit, n'est-ce pas, monsieur Waters ?

Ben la dévisagea sans comprendre.

— Euh, non... Pas du tout...

— Si, si, vous allez voir. Au revoir, monsieur DeLancey, on se retrouve au tribunal !

— Au revoir ! lancèrent Phoebe et Paige en entraînant l'avocat à leur suite.

Ce dernier les suivit jusqu'à l'ascenseur, mais une fois hors de portée de voix, il laissa libre cours à sa colère :

— Qu'est-ce que vous faites ? Je n'en avais pas terminé avec lui !

— Ne vous inquiétez pas, Ben, le rassura Paige en appuyant sur le bouton du rez-de-chaussée. Tout va très bien se passer.

— Je ne vois pas comment ! DeLancey a raison. Les Sinoyats n'ont aucune preuve. J'avais l'intention d'y aller au bluff, et vous avez tout fichu en l'air !

— On n'a pas tout fichu en l'air, Ben, le détrompa Phoebe en sortant le magnétophone de sa poche. On a plus de preuves qu'il n'en faut. Faites-nous confiance.

Le jeune homme inspira profondément, hésita, puis décida de s'en remettre à leur parole.

Arrivés dans le hall de réception, ils aperçurent l'inspecteur Darryl Morris qui attendait près de la fontaine avec deux de ses agents. Il était pile à l'heure.

— On reste en contact, monsieur Waters ! déclara Piper à Ben avec un sourire éclatant.

Puis, accompagnée de Phoebe, elle alla rejoindre leur ami policier.

Paige resta un instant avec son bel avocat. Tous ces affreux démons anéantis, le problème sinoyat résolu, elle avait encore une journée presque entière devant elle. Et… peut-être serait-il libre pour la passer avec elle !

— Vous êtes pris pour le déjeuner ? se lança-t-elle.

— Oui, répondit-il en lui passant un bras autour des épaules. J'ai rendez-vous avec une superbe jeune femme, d'ailleurs, vous vous ressemblez comme deux gouttes d'eau... Vous aimez la cuisine vietnamienne ? Je connais un restaurant génial qui...

Ah, j'ai bien fait de ne pas aller au bureau, aujourd'hui !

— Tu l'as eu ? demanda Phoebe avec anxiété.

Comme l'inspecteur hésitait à répondre, elle s'attendait au pire. Elle lui avait fourni le plus de renseignements possibles pour qu'il puisse obtenir un mandat de perquisition et fouiller le bureau de William DeLancey en toute légalité.

Darryl entraîna Piper et Phoebe à l'écart pour que les agents ne l'entendent pas et sortit de la poche intérieure de son blouson une feuille de papier pliée.

— Oui, je l'ai eu, mais c'est ma réputation auprès du juge Stanford qui est en jeu, à présent.

— Ne t'inquiète pas, fit Piper. Tu ne risques rien.

— Je sais bien mais... J'espère que la ceinture sacrée est bien ici, sinon plus aucun juge du comté ne me fera confiance désormais.

— On a enregistré les aveux de DeLancey. Ça devrait nous aider, non ?

— C'est irrecevable, dans un tribunal.

— Hé bien, il ne te reste plus qu'à monter au

cinquième étage et à lui demander de t'ouvrir sa chambre forte.

— Vous êtes certaines que le traité s'y trouve ? Vous l'y avez vu ? J'aimerais vraiment ne pas bousiller ma réputation *et* ma carrière en perquisitionnant dans le bureau privé du directeur général de Vista Dream sur de fausses accusations.

— Mais oui ! William DeLancey est un voleur et sa place est en prison.

— Il faut l'arrêter avant qu'il n'ait le temps de se débarrasser du traité. Sans preuve, pas de condamnation.

— D'accord. On y va.

Soulagée, Phoebe laissa échapper un long soupir et regarda les trois policiers entrer dans la cabine de l'ascenseur.

— J'ai cru qu'il allait se dégonfler, fit Piper.

— Pourtant, on fait de notre mieux pour lui faciliter les choses.

— Hé, Phoebe ! appela soudain une voix masculine.

Mitch venait de pénétrer dans le hall, une superbe rousse à son bras.

— Mitch et Angie ? devina Piper.

— Oui, et ce n'est pas trop tôt.

Une fois les présentations faites, le journaliste se tourna vers Phoebe :

— Qu'est-ce qu'il y avait de si important, qui ne pouvait pas attendre après le déjeuner ?

— Vous vouliez un scoop sur Vista Dream, non ?

— Attendez, l'arrêta Piper. On ne vous donne l'info qu'à condition de ne pas apparaître dans l'article, d'accord ?

Mitch n'y vit aucun inconvénient et lui promit de garder ses sources secrètes.

— Cinquième étage, leur indiqua alors Phoebe. C'est là que se trouve le bureau de William DeLancey. Vous découvrirez le reste en arrivant là-haut.

— Parfait, Phoebe. Merci. Je vous appelle demain.

— Moi aussi, dit Angie. Il faut qu'on choisisse ensemble quelles photos de Sierra Sojourn on présente à Gil.

— D'accord.

Une fois dehors, Piper s'étonna de la mine soucieuse de sa sœur :

— Quelque chose ne va pas ? Tu as l'air contrariée, tout d'un coup.

— Oh, ce n'est rien. Je pense à toutes ces pellicules que je dois développer ! Avec le scandale qui va suivre, je me demande si notre reportage va être publié.

Elles marchèrent en silence un moment, puis Phoebe demanda :

— Tu as des nouvelles de Léo ?

— Oui. Je voulais justement solliciter une grande faveur.

— Laquelle ?

— Est-ce qu'on pourrait avoir le manoir pour nous seuls ce soir… J'aimerais lui préparer un dîner aux chandelles… S'il te plaît… Pour Léo. Cela lui ferait tant plaisir !

Phoebe se retint pour ne pas éclater de rire.

— Alors, juste pour faire plaisir à Léo. Je vais voir ce que je peux faire. Peut-être Cole aura-t-il envie d'aller au ciné, qui sait ?

Dans la même collection

Charmed

1. Le pouvoir des trois
2. Le baiser des ténèbres
3. Le sortilège écarlate
4. Quand le passé revient
5. Rituel vaudou
6. Menaces de mort
7. Le violon ensorcelé
8. Le secret des druides
9. La fiancée de Nikos
10. La statuette maléfique
11. La sorcière perdue
12. La ceinture sacrée

Composition : Francisco *Compo*
61290 Longny-au-Perche

Impression réalisée sur Presse Offset par

BRODARD & TAUPIN

GROUPE CPI

La Flèche (Sarthe), le 02-06-2004
N° d'impression : 23257

Dépôt légal : juin 2004

Imprimé en France

POCKET jeunesse 12, avenue d'Italie • 75627 PARIS Cedex 13

Tél. : 01.44.16.05.00